기드온 성경대학(G.B.C.) 시리즈 · 상

아하 그랬었구나~

황규식 목사

나됨

책 머리에

'기드온 성경대학' 개정판을 펴내며

하나님의 은혜였을까요? 교회 뒷집에 살던 열 살배기 가난했던 저의 발걸음은, 놀이터가 있는 널찍한 교회를 가까이 하면서 자연스레 예수를 믿게 되었습니다.

열심히 교회에 다니면서 학창시절을 믿음 안에서 보냈지만 청년의 때에 군 입대와 함께 교회를 떠나게 되었고, 그로부터 만 7년 후, 한 사건을 통해 살아 계신 하나님을 다시 만나는 은혜를 입게 되었습니다.

주의 품에 안겨 한없이 울던 저는 그때부터 하나님의 뜻을 알기 위해 성경을 수없이 읽기 시작하였습니다. 많은 서적과 씨름하던 어느 날, 로마서와 히브리서를 읽던 중, 그렇게 궁금했던 성경이 파노라마처럼 한번에 풀어지는 은혜를 경험하게 되었습니다.

그 후, 하나님의 부르심에 따라 목회자가 되고 교회를 개척하게 되었습니다. 그러자 당연히 이런 고민이 따랐습니다.

'어떻게 하면 성도들에게 기름진 꼴을 먹일 수 있을까? 말씀

을 좀더 잘 가르칠 방법은 없을까?'

저는 이 문제를 위해 간절히 기도하던 중에, '기드온 성경대학'이라는 성경공부 프로그램을 만들었습니다. 그리하여 어느 누구나 쉽게 하나님의 뜻을 깨달아 구원의 확신은 물론, 난해한 성경도 듣기만 하면 이해할 수 있는 방법을 통해, 많은 영혼을 구원하여 하나님의 사람으로 변화시키게 되었습니다.

이 성경공부 프로그램을 시작한 지 올해로 21년째 됩니다. 그동안 많은 사람들이 이 과정을 이수하고 변화되었으며, 우리 교회는 출석성도 1,000여 명 중 약 90%의 불신자를 구원하는 교회로 성장하게 되었습니다.

이런 놀라우신 하나님의 은혜가 감사하여, 그동안 하나님께서 내게 주신 말씀의 은혜를 원하는 분들과 함께 나누고자, 기드온 성경대학 성경공부 과정을 주제별로 상하권으로 묶어 발간하게 되었습니다.

간절히 원하기는, 좀더 많은 분들이 이 말씀을 통해 나와 함께 하나님의 은혜를 누리기 원하며, 특별히 이론적인 신앙에서 벗어나 우리의 삶 속에서 늘 경험할 수 있는 실용신앙으로 산 믿음의 성도가 되시길 간절히 소원해 봅니다.

이 시리즈를 발간하기 위하여 강의 테이프를 원고로 옮기고, 또 몇 차례의 교정으로 수고해 준 사랑하는 성도들에게 고마운 마음을 전하며, 함께 애써주신 출판 관계자분들에게 감사를 드립니다.

2014년 11월 황규식 목사

이 책은

개역개정판 성경으로

기록되었음을 알려 드립니다.

차례 / Contents

아하! 그랬었구나~

상

기드온 성경대학(G.B.C.) 제1과 : 시편 1:1~6

1. 복 있는 사람

"복 있는 사람은 악인들의 꾀를 따르지 아니하며 죄인들의 길에 서지 아니하며 오만한 자들의 자리에 앉지 아니하고 오직 여호와의 율법을 즐거워하여 그의 율법을 주야로 묵상하는도다 그는 시냇가에 심은 나무가 철을 따라 열매를 맺으며 그 잎사귀가 마르지 아니함 같으니 그가 하는 모든 일이 다 형통하리로다 악인들은 그렇지 아니함이여 오직 바람에 나는 겨와 같도다 그러므로 악인들은 심판을 견디지 못하며 죄인들이 의인들의 모임에 들지 못하리로다 무릇 의인들의 길은 여호와께서 인정하시나 악인들의 길은 망하리로다"(시 1:1~6).

복(福)을 좋아하십니까? 복을 싫어하는 사람은 없습니다. 그런데 '복이 무엇입니까?' 하고 물으면 처음엔 대답을 못하다가 대부분 이렇게 말합니다.

"돈 많은 거요."

돈이 많으면 일반적으로 복 있다고 생각합니다.

그런데 정말 돈이 많이 있으면 복이 있는 것입니까? 돈 없는 사람의 입장에서는 돈이 있는 것이 복인 것 같습니다.

그러나 돈이라는 것은 적당히 있어야 복이지, 지나치게 많이 있으면 화가 될 수도 있습니다.

얼마 전, 로또복권에서 100억이 당첨된 사람이 3명이 나왔습니다. 복권에만 당첨되면 '불행 끝, 행복 시작'일 것 같지요?

그런데 복권에 당첨된 사람들은 당첨된 후에 도저히 불안해서 예전처럼 살 수가 없었다고 합니다. 어떻게 전화번호를 알았는지 여기저기에서 전화가 오고, 심지어 위협까지 한다고 합니다.

불안해서 전화번호를 바꾸고 이사를 가거나 어떤 사람은 이민을 간다고 합니다. 복권에 당첨되어 부모 · 친구 · 친지를 떠나 이민 가는 게 복인가요?

원래 복이라는 것은 무엇이든지 적당한 것이 복입니다. 그런데 사람들은 무조건 많으면 복인 줄 압니다. 그러나 정말 복 있는 사람은 적당하게 유지하면서 남에게 나눠주는 사람이 복 있는 사람인 것입니다.

남에게 베풀고 어려운 사람을 돕는다고 자신이 굶어 가면서 하는 것을 복이라고 하지 않습니다. 적당하게 자기가 살 만큼 다 살고 나눠 주는 사람이 복 있는 사람입니다.

나눠 주는 기쁨, 남을 도와주는 기쁨이 얼마나 큰 지 아십니까? 내가 남에게 나눠줄 수 있고 내가 나눠줌으로써 남이 기뻐하고 즐거워하고, 또 없는 사람이 새로운 용기를 얻어 살아나기도 합니다. 나눠줄 때에야 비로소 자기가 정말 복 있는 사람이라는 사실을 알 수 있는 것입니다.

복은 받는 것입니다.

복은 절대로 만들어 내는 것이 아닙니다. 복을 만들어 낼 수 있으면 이 세상에는 복 없는 사람이 없을 것입니다. 그러나 복은 절대 자기가 만드는 것이 아닙니다.

전 대우그룹 총수 김우중씨는 1년에 3분의 1 정도를 비행기 타고 다닐 만큼 열심히 일했습니다. 그러나 그 사람은 지금 아무런 경제활동을 할 수 없는 사람이 되고 말았습니다.

기업인 중에 그렇게 많이 일한 사람이 없습니다. 김우중씨처럼 내가 뛴다고 내가 원하는 복이 생기는 것이 아니라, 복이라는 것은 반드시 누가 줘야 받는 것입니다. 그래서 '복을 받는다.'라고 말하는 것입니다.

명절 때 자녀들이 부모님께 세배하면서 복 많이 받으시라고 하고, 부모님도 자식들에게 복 많이 받으라고 합니다. 그러나 그건 '그렇게 되었으면 좋겠다.'고 하는 부모의 마음이지, 그것이 실제로 이루어지지 않습니다. 이렇게 부모마저 자식에게 복을 줄 수 없다면 이 세상에 내게 복을 줄 사람은 없다고 해도 과언이 아닙니다.

그럼에도 불구하고 복은 받는 것이라고 말하는 것은 복을 주시는 분이 있기 때문입니다.

모든 만물을 지으신 창조주 하나님께서 사람을 만드시고 사람에게 제일 먼저 준 것이 복이었습니다.

창세기 1장 27~28절을 보십시오.

"하나님이 자기 형상 곧 하나님의 형상대로 사람을 창조하시되 남자와 여자를 창조하시고 하나님이 그들에게 복을 주시며 하나님이 그들에게 이르시되 생육하고 번성하여 땅에 충만하라, 땅을 정복하라, 바다의 물고기와 하늘의 새와 땅에 움직이는 모든 생물을 다스리라 하시니라."

하나님께서 사람을 만들어 놓으시고 사람에게 제일 먼저 주신 것이 복입니다. 복이라는 것은 하나님이 주시는 것입니다. 그래서 복을 받으라고 하는 것입니다. 그런데 이 복은 영적인 복이 아니고 물질적인 복으로서 하나님께서 인간에게 주신 것입니다. 그러므로 물질의 복 받는 것을 절대로 터부시할 필요가 없는 것입니다.

오늘 본문인 시편은 1장부터 150장까지로 되어 있습니다. 시편은 하나님을 만난 사람들이 '하나님은 이런 분이시다.'라고 기록한 것입니다.

시편 1장 첫 절에 보면, 하나님을 만난 사람들이 '복 있는 사람'이라고 말했습니다. 하나님을 만나고 사귀어 보니 하나님이 복을 주신다는 것을 알았기 때문에 제일 첫 번째로 고백한 것입니다.

세계에 여러 민족이 살고 있지만 그 많은 민족 중에 세계 경제권과 세계 보물의 70%를 소유하고 있는 민족이 바로 유대 민족입니다. 그런데 유대 민족은 이스라엘 본토에 600만 명, 해외에 600만 명, 합해도 1,200만 명밖에 되지 않습니다. 이렇게 작은 민족이 어떻게 전 세계 보물의 70%를 소유하고 있을까요?

계속 보물 얘기를 하는 이유는 일반적으로 복을 돈이라고 생각하니까 알기 쉽게 비유를 하기 위해서입니다. 전 세계를 좌지우지하는 미국을 움직이고 있는 민족이 유대 민족입니다.

1990년 이후 유엔 안전보장이사회에서 미국이 아홉 번의 거부권 행사를 했는데, 그 중에 일곱 번이 이스라엘을 위한 것이었습니다. 미국이 기부하니까 세계 어떤 나라도 이스라엘을 괴롭히지 못합니다. 9·11테러사건의 쌍둥이 빌딩의 소유자도 유대인입니다.

유대인은 여호와 하나님을 믿는 민족입니다. 지하자원이 많은 것도 아니고, 영토가 큰 것도 아닙니다. 영토를 보면 우리나라 강원도를 길게 늘여놓은 정도에 불과합니다.

'젖과 꿀이 흐르는 가나안 땅'이라고 하지만 그것은 비옥하다기보다 목축이 가능하다는 뜻입니다. 땅은 주로 돌밭이고 1년 평균 강수량이 200mm 미만입니다.

그렇게 열악한 환경에도 불구하고 복 주시는 조물주 하나님과 관계를 맺고 있기 때문에 물질의 복을 받은 것입니다.

우리 기독교 신앙은 복을 구하는 신앙, 즉 기복신앙입니다. 우리 크리스천들이 오해를 하고 있는 것이 기복주의 신앙과 기복신앙을 혼동하기 때문입니다. 기복주의 신앙은 오로지 복만 구하는 것으로서 이것은 다른 종교와 미신을 믿는 사람들의 복을 구하는 행위이고, 기복신앙은 복 주시는 하나님께 복을 구하여 그 복을 가지고 하나님께서 기뻐하시는 삶을 사는 것을 말합니다. 그러므로 성도들은 하나님께 복을 구해야 합니다. 야고보서 4장 2절에도 "너희가 얻지 못함은 구하지 아니하기 때문이요"라고 하셨으니 당연히 복 주시는 하나님께 복을 구하여 그 복으로 하나님의 선한 일에 사용해야 합니다.

만남의 관계는 굉장히 중요합니다.

우리 인생길에서 누가 누구를 만나느냐 하는 것은 아주 중요한 문제입니다.

시편 1장 1절에 보면, "복 있는 사람은 악인의 꾀를 좇지 아니하며 죄인의 길에 서지 아니하며 오만한 자의 자리에 앉지 아니하고"라고 하였습니다.

지금 누구와 만나고 있는지?

악인의 꾀를 좇고 있는지?

죄인의 길에 서 있는지?

오만한 자의 자리에 있는지?

만약 그런 자리에 있다면 복을 받을 수 없다는 것입니다.

다시 말해, 악인이나 죄인, 오만한 자는 하나님을 의지하지 않고 자기 뜻대로, 자기 생각대로, 자기 노력대로, 자기를 의지하며 살아가는 사람들입니다.

사람은 절대로 스스로 살 수 없습니다. 우리를 만드신 하나님의 도우심 없이는 절대로 살 수 없음을 고백해야 합니다.

우리는 숨을 쉬며 삽니다. 숨쉬며 사는 것이 자기 스스로 하는 것 같지만, 만약 공기가 없다면 우리는 어떻게 숨을 쉴 수가 있겠습니까? 아무리 숨을 들이마신다고 해도 공기가 없으면 숨을 쉴 수 없습니다.

결국은 조물주 하나님께서 세상에 공기라는 것을 만들어 놓으셨기 때문에 내가 숨을 쉬며 사는 것입니다.

그러므로 하나님과 관계를 맺고, 하나님을 의지하며 살아가야 합니다. 오직 자기 힘으로만 살아가려는 자들은 하나님과 관계가 없기 때문에 결코 하나님으로부터 복을 받을 수 없습니다.

사람이 태어날 때, 어떤 부모 밑에 태어나느냐를 팔자소관이라고 합니다. 쉬운 말로 운명이라고 합니다. 운명은 내가 택한 것이 아닙니다. 자식에게는 태어날 때 어떤 부모 밑에 태어나겠다는 선택권이 없습니다. 그러나 어떤 부모 밑에 태어나느냐에 따라 그 사람의 운명이 영향을 받게 됩니다. 물론 부분적으로 노력해서 운명을 조금씩 바꿔나갈 수 있지만 근본적으로 자기 운명을 바꾸기는 어렵습니다.

자식은 여호와의 주신 기업으로 그 부모의 상급과 그 부모의 보응이라고 했습니다. 부모가 어떠한 삶을 살았는가에 따라서 자식을 주는데, 선하게 사는 부모에게는 훌륭한 자식을 주어 자식이 잘 되는 걸 보면서 부모가 기쁨을 누리고, 부모가 좀 못되게 살았다면 그 자식도 못되게 해서 부모가 자식의 불행한 모습을 보며 괴로움을 당하는 것을 운명이라고 합니다.

어떤 부모 밑에 태어나느냐 하는 문제는 굉장히 중요한 것으로 자기가 결정할 수 있는 것이 아닙니다. 부모와 조상이라는 것은 당대만 말하는 것이 아니라 자기 윗대부터 고조할아버지 대까지 다 부모라고 말하는 것입니다.

고조할아버지까지를 부모라고 하는데, 그 부모들이 과거에 어떠한 삶을 살았는가에 따라서, 그것에 대한 보응으로 자식이 태어납니다. 자식의 입장에서는 결정할 수가 없습니다. 그것이 바로 운명이고 팔자소관입니다.

저는 태어날 때 팔자소관이 별로 좋지 않았습니다. 부모님이 무능하셨습니다. 지금은 여자들도 사회활동을 많이 하여 경제력도 있지만 그전에는 대부분 남자들이 돈을 벌었습니다.

어린 시절을 생각해 보면, 아버지께서는 서당에서 글이나 좀 읽으시고 세상 물정은 전혀 모르시는 아주 고지식한 분이셨습니다. 공무원 생활도 하셨는데 성품이 강직하셔서 뇌물을 절대 받지 않으셨습니다.

그러다 보니까 자연히 상급자에게 인사를 차리거나 상납하지도 못하셨습니다. 아버지께서는 남에게 받을 것도 줄 것도 없이 원칙대로 사셨지만, 윗사람은 뇌물을 받아서 혼자 착복한 것으로 생각한 것입니다.

그래서 퇴직하신 후 돌아가실 때까지 30년을 실업자 생활을 하셨습니다. 그런데 5남매가 두세 살 터울이다 보니 학비로 인해 생활이 많이 힘들었습니다. 그래서인지 그때 아버지께서는 이렇게 말씀하시곤 하였습니다.

"공부해야 아무 소용없다. 초등학교만 졸업하고 공장에 가서 일하거라."

그러나 어머니의 생각은 아버지와는 다르셨습니다.

"이 세상에서 사람답게 살아가려면 배움이 없어서는 안 돼. 아무리 어려워도 남자들은 공부를 해야 한다. 그래야 미래에 대한 희망이 있지."

어머니께서는 밤낮을 잊으시고 봉투장시를 하여 자식들의 학비 마련에 여념이 없으셨지만, 그것도 한계가 있어 우리들은 고학하며 학교를 다녔습니다. 버스표를 팔고 신문배달도 하고 중학교 때부터 같은 반 친구에게 과외공부를 가르치는 등 안 해본 일이 없었습니다. 어떤 날은 먹을 것이 없어서 술지게미를 얻어다가 그걸 먹고, 벌게진 얼굴로 등교해 혼난 적도 있었습니다.

그런데 제가 교회 뒷집에 살아서 10살 때부터 교회에 다니게 된 것이 복이었습니다. 집이 교회하고 멀리 떨어져 있었으면 안 다녔을지도 모르지만, 교회 뒷집에 살면서 놀이터가 있는 교회에서 놀다 교회에 다니게 되었습니다. 생활에서 어렵고 힘든 것을 교회에서 풀었고, 지금은 남녀공학이 많지만 그 당시엔 남학교와 여학교가 갈라져 있어 교회에 가야만 여학생을 만나니까 그 재미도 있었습니다. 어쨌든 교회에 다니니까 그 어려운 환경 속에서도 엇나가거나 삐뚤게 나가지 않고 바르게 생활할 수 있었습니다.

저는 교회 청년부 활동을 하면서 아내를 만났는데, 피아노를 전공한 아내는 교회에서 반주를 했고 저는 성가대의 테너였습니다.

성도 여러분! 자녀들이 결혼할 때 가능하면 하나님께 헌신을 많이 하신 분들의 자제를 배필로 삼으십시오. 그러면 복이 막 들어옵니다.

지금은 돌아가셨지만 제 장인은 목사님이셨는데 불쌍한 전쟁 고아들을 많이 키우시고 복도 아주 많이 받으신 분입니다. 제가 그런 분의 딸과 연애를 하다 보니 연애하는 순간부터 가난이 떠나가기 시작했습니다.

그 후부터는 지금까지 제가 가난을 경험하지 못했습니다. 목사님이신 장인께서 심어 놓은 믿음이 있으니까 그분의 자식을 사귀기만 해도 그 공력이 넘어왔습니다.

그리고 결혼 후에는 장인의 복이 다 저의 복이 된 것입니다. 다시 말해 제가 팔자(?)를 바꾼 것입니다. 저의 팔자는 가난한 부모 밑에서 태어나 공장에 나가서 기술을 배워야 될 팔자인데, 제가 10살 때 교회에 가서 하나님을 믿고 하나님의 자녀로 거듭

나서 하나님 아버지가 우리 아버지가 되셨습니다. 이게 팔자를 바꾼 것입니다.

사람이 살면서 신세가 괴로울 때 '내가 다시 태어날 수 있다면!' 하는 말들을 하는데, 이 말은 아마 '팔자를 바꿀 수만 있다면'이라는 뜻일 것입니다. 사실 다시 태어나서 팔자를 바꿀 수 있는 방법은 없다고 우리는 알고 있습니다.

그러나 불가항력적인 팔자를 바꿀 수 있는 방법이 있습니다. 성경말씀을 보십시오.

"영접하는 자 곧 그 이름을 믿는 자들에게는 하나님의 자녀가 되는 권세를 주셨으니"(요 1:12).

"사람이 물과 성령으로 나지 아니하면 하나님의 나라에 들어갈 수 없느니라"(요 3:5).

예수 그리스도를 마음으로 믿기만 하면 거듭난다, 즉 다시 태어난다는 것입니다.

하나님의 자녀로 팔자를 바꾸십시오.

예수만 믿으면 하나님의 자녀로 팔자를 바꿀 수 있습니다. 산고의 고통은 어머니께서 겪는 것이지 내가 겪는 것이 아닙니다. 그래서 우리는 아무런 고통도 느끼지 못하고 쉽게 태어납니다.

그런 것처럼 거듭나는 것도 내 노력으로 거듭나는 것이 아닙니다. 하나님이 말씀하신 대로 예수 그 이름을 믿기만 하면, 하나님의 자녀로 다시 태어나게 되어 있습니다.

이렇게 쉬운 방법을 통해서 하나님이 우리로 하여금 복을 받을 수 있는 기회를 허락해 주십니다.

인간들이 죄를 지어서 하나님과 관계가 끊어지고 그때부터 인간들은 복을 받지 못하게 되었지만, 하나님께서는 처음부터 인간을 복 주실 대상으로 만드셨기 때문에 하나님께서는 다시 복을 주시고 싶으신 것입니다.

그래서 예수만 믿으면 누구나 죄를 용서받고 하나님의 자녀로 다시 태어날 수 있고 거듭날 수 있습니다. 그때부터 하나님을 '아버지'라고 부르게 되는 것입니다. 할렐루야!

하나님과 관계를 맺는 사람이 복 있는 사람의 첫째 조건입니다. 예를 들어, 삼성그룹의 이건희 회장이 아무리 돈이 많아도 그 사람과 관계가 없으면 그림의 떡처럼 아무 상관이 없습니다.

마찬가지로, 천지 만물을 지으신 조물주와 관계를 맺지 않으면 그분의 복을 받을 수 없습니다.

관계라는 것이 굉장히 중요합니다. 부부지간엔 되도록 서로 운전을 가르치지 말라고 합니다. 운전을 가르치다가 이혼하는 사람도 있습니다. 그런데 이혼하는 사람들은 뭘 잘못 알고 있습니다. 자동차 강사는 절대로 큰소리치지 않습니다. 그 여자가 차를 몰고 담벼락으로 가든지 강으로 뛰어들든지 절대로 소리지르지 않고 자기가 브레이크를 밟습니다.

그러나 부부는 관계가 있기 때문에, 사랑하니까, 관심이 있기 때문에 소리를 지르는 것이지 미워서 소리 지르는 것이 아닙니다. 그런데 그게 밉다고 이혼하는 사람도 있습니다. 관계를 몰라서 그렇습니다. 관계는 잔소리도 하고 소리도 지르고 관심을 갖는 것입니다.

본문 2절에 보면, '오직 여호와의 율법을 즐거워하여 그 율법을 주야로 묵상하는 자로다.'라고 했습니다. 사람들은 '법'이라면 지레 싫어하는 성향이 있습니다. 더욱이 우리나라 사람들은 법에 대한 선입견이 아주 좋지 않습니다. 법을 지키면 자기가 손해난다고 생각합니다.

원래 법이라는 것은 법을 지키는 많은 사람들을 보호하기 위해서 있는 것이지 사람을 괴롭히려고 있는 것이 아닙니다.

우리나라 사람들이 법에 대한 선입견이 안 좋은 것은 '유전무죄 무전유죄(有錢無罪 無錢有罪)'라는 생각에서 기인합니다.

돈 많은 사람은 큰 죄를 짓고도 재물의 힘으로 법을 이용해 교묘하게 빠져나가고, 돈 없는 사람들은 작은 죄를 짓고도 붙잡혀 가는 불합리함을 보면서, 법은 힘 있고 돈 있는 사람에게 유리한 것이지 서민들에게는 오히려 불리한 것이 많다고 생각하게 되었습니다.

그러나 민주주의가 잘 발달된 나라들에서는 사람들의 머릿속에 법에 대한 개념이 잘 정립되어 있습니다.

'사람들은 법의 보호를 받아야 한다.'

'법이 나를 지켜준다.'

'법만 지키면 난 살 수 있다.'

'법은 좋은 것이다. 법을 이용하면 내가 법의 도움을 받을 수 있다.'

법에 대한 생각을 바꿔야 합니다. 하나님께서 하나님의 사람들에게 법을 주셨습니다.

복을 주시기 위해 법을 주셨습니다.

법을 주신 것은 법으로 괴롭히기 위해서 주신 것이 아닙니다. 법을 지킴으로써 이 세상에서 법의 보호를 받게 하기 위해 주신 것입니다.

그래서 하나님께서 그의 백성에게 처음 주신 법이 십계명입니다. 열 개의 법을 주시면서 이 법을 지키면, 법의 보호를 받고 이 법만 지키면 복을 받을 수 있다고 말씀하셨습니다.

그러므로 우리는 여호와의 율법을 즐거운 마음으로 바라보고 그 법을 주야로 묵상해야 합니다.

유대인들이 세계 보물의 70%를 소유하게 된 비결은 바로 이 법을 지키는 민족이기 때문입니다. 지금도 유대인들은 하나님이 주신 법인 이 계명을 지킵니다. 그래서 유대인들이 육체의 복을 받는 것입니다.

소련과 미국은 어마어마한 강대국들이었습니다. 그런데 1991년에 소련이 맥없이 붕괴되기 시작하여 러시아로 바뀌었습니다.

그처럼 강대하던 나라가 그때 얼마나 가난한 나라로 바뀌었는지 모릅니다.

소련이 붕괴된 후 그 나라를 방문했을 때 병원에 의약품도 제대로 갖춰지지 않고, 심지어 저녁에 자동차 배터리를 떼어서 집에 들어갔다가 아침에 들고 나와서 설치하고 차를 운전해야만 했습니다. 그 이유는 밤새 다른 사람이 배터리를 훔쳐가기 때문에 그럴 수밖에 없었습니다.

그 나라가 오페라극장 등 문화시설은 잘 되어 있지만 화장실은 변기도 제대로 되어 있지 않는 실정이었습니다. 휴지가 없는 건 당연하고 화장실은 문이 없이 칸막이로만 되어 있었습니다.

사회체육이 잘 발달된 나라라 큰 수영장이 많았지만, 그곳의 화장실도 열악하기는 마찬가지였습니다. 더욱더 놀라운 것은 모스크바 병원 같은 대형병원에도 마취제 같은 필수 의약품이 부족했습니다. 그 나라는 공산주의 국가로 하나님과 전혀 관계가 없는 민족이었기 때문입니다.

중국도 마찬가지입니다. 중국도 자원이 많은 나라지만 중국의 외곽에 들어가면 지금도 석탄을 연료로 쓸 정도로 가난합니다.

땅은 엄청나게 큰 나라지만 하나님과 관계가 없는 민족이기에 못사는 것입니다. 그러나 미국은 화폐인 달러에 'IN GOD WE TRUST(하나님 안에서 모든 것이 다 이루어진)'라는 하나님에 대한 글귀가 적혀 있습니다.

이 나라는 종교의 자유가 보장되어 있는 나라이기 때문에 기독교가 국교는 아니지만 기독교적 이념에서 세워진 나라입니다.

17세기 초에 퓨리턴들이 신앙의 자유를 찾아서 건너가 세운 나라가 바로 미국입니다. 그렇기 때문에 그 나라는 역사가 짧음에도 불구하고, 지금 전 세계를 좌지우지하는 경찰국가가 되어서 그 나라 말을 듣지 않을 수가 없습니다.

독일의 경우, 미국이 요청한 이라크전의 파병에 대한 결정을 머뭇거리며 주저하자 미국에선 수입제한 등 경제조치를 취하니 독일 경제가 큰 타격을 입었습니다.

만일 우리나라가 그런 경우였다면 아마 순식간에 무너졌을 것입니다. 미국의 경제규모는 어마어마합니다. 미국 뉴욕시의 경제 규모만 보더라도 일본 전체의 경제 규모와 똑같습니다.

하나님과 관계를 맺은 민족은 이렇게 세계를 다스리는 나라가 되었고, 하나님과 관계를 맺지 않은 민족은 역사 속에서 아주 망하고 말았습니다.

또 북한과 남한을 비교해 보겠습니다. 6·25전쟁이 일어날 당시에는 북한이 남한보다 훨씬 잘살았습니다. 지하자원이 풍부하고 댐도 많아 발전량도 상당하였습니다. 그러나 휴전 이후 60여 년이 지난 북한은 지금 생필품뿐만 아니라 식량부족이 심각해, 살기 위해 목숨 걸고 도망 나오는 형편입니다. 불과 60년 사이에 북한이 이렇게 변한 원인이 무엇입니까?

기존에 북한에 있던 지하자원이 고갈되거나 댐이 붕괴된 것도 아닙니다. 달라진 것은 아무것도 없습니다. 다만, 한 가지 있다면 북한에 있던 기독교인들이 거의 전부 전쟁을 피해 남한으로 이주한 것입니다.

우리나라에 기독교가 평양으로 들어오면서 평양과 황해도 일대에 예수 믿는 사람이 엄청나게 많았는데, 공산주의에서는 기독교를 인정하지 않기 때문에 38선으로 갈라지면서 북한에 있는 기독교인들이 남한으로 내려왔습니다. 그때 세워진 대표적인 교회가 영락교회인 것입니다.

다시 말하면, 북한에 있었던 기독교인들이 신앙의 자유를 찾아서 모두 목숨을 걸고 남한으로 내려왔기 때문에, 60여 년이 지난 지금 북한은 기근에 시달리다 못해 탈북하게 되었고, 남한은 하루에 버리는 쓰레기의 양만 해도 어마어마하게 많은 그런 풍요로운 나라가 되었습니다.

이렇게 하나님과의 관계에 따라 하늘과 땅으로 처지가 달라집니다. 하나님과 관계를 맺은 민족과 개인들은 반드시 복을 받고, 하나님과 관계를 맺지 않은 자들은 반드시 망합니다. 어느 누구도 피할 수가 없습니다.

오늘 본문을 보면, “악인들은 그렇지 아니함이여 오직 바람에 나는 겨와 같도다 그러므로 악인들은 심판을 견디지 못하며 죄인들이 의인들의 모임에 들지 못하리로다 무릇 의인들의 길은 여호와께서 인정하시나 악인들의 길은 망하리로다”라고 했습니다.

의인의 길은 하나님께서 인정해 주시지만 악인의 길은 반드시 망하는, 이것이 하나님께서 세우신 공의로우신 심판입니다.

그러므로 '나도 내 가정도 하나님과 관계를 맺고 또 하나님의 법을 따라 살면서 내가 하나님께 복을 받아야 되겠구나.' 하는 마음의 결단을 해야 합니다. 그래서 어떤 종교를 갖느냐가 삶 속에 막대한 영향을 끼칩니다.

사람들은 대부분 종교를 갖고 있습니다. 우리나라에는 크게 유교·불교·기독교로 나뉩니다. 종교가 우리의 삶에 영향을 끼치는 것은 종교는 인간들이 할 수 있는 행동 중에 가장 높은 행동, 높은 가치관이기 때문입니다. 가장 높은 가치관이 우리 육체의 삶에 영향을 끼칩니다. 그래서 어떤 종교를 믿느냐에 따라서 우리들의 삶의 질이 결정됩니다.

유교는 사상이 망자회귀(亡者回歸)입니다. 다시 말하면 유교는 죽은 사람을 그리워하는 종교입니다.

그러다 보니까 유교를 믿는 사람들은 반드시 그의 삶이 퇴보하게 됩니다. 과거·고전·옛 것, 죽은 자들을 그리워하니까 계속 그 삶은 퇴보할 수밖에 없습니다. 조선시대에는 유교를 국교로 세워 유교의 발상지인 중국보다 더 잘 믿는 나라였습니다.

그런데 유교를 잘 믿은 결과는 일본에게 나라를 빼앗기는 것이었습니다. 그전에는 먹을 것이 없어도 제사는 지내야 하니까 쌀을 얻어서 제사를 지냅니다. 장례 쌀 제도가 그래서 나온 것입니다. 조상님들이 한꺼번에 추수 끝나고 돌아가시면 다행인데 아무 때나 돌아가십니다. 제사는 지내야 되고 조상님 모시는 제상에는 흰쌀밥을 올려야 되는데 쌀이 없으니까 쌀을 얻어다가 제사 먼저 지내고, 그 조그만 땅덩어리에서 뼈 빠지게 농사지어

나중에 갚아야 합니다.

우리는 이런 잘못된 사상에서 빨리 벗어나야 됩니다. 여기에 매달려 있으면 절대로 복을 받을 수 없습니다. 결국은 3, 4대가 지나기 전에 망하게 됩니다.

이것은 하나님의 법입니다. 계명에 '우상에게 절하는 자는 반드시 삼사 대까지 내가 그를 저주하리라.'고 하셨습니다. 그러므로 절대로 이 유교사상에 빠지면 안 됩니다.

중요한 것은 산 부모를 공경하는 것입니다. 우리 기독교처럼 부모에게 공경하는 것을 엄하게 가르치는 신앙이 없습니다. 우리 기독교는 부모에게 효도하지 않으면 돌로 쳐 죽이라고 했습니다. 단, 산 부모에게만입니다.

성경에는 일단 세상을 떠나면 성경에서 그 이름은 지워집니다. 성경에서는 아브라함의 하나님, 이삭의 하나님, 야곱의 하나님이라고 해도 죽으면 그것으로 끝나지 죽은 그들에게 제사 지내는 그런 기록들은 전혀 없습니다.

성경은 '산 자의 하나님'이라고 말하고 있습니다. 우리 기독교는 철저하게 산 자의 하나님, 그러니까 살아 계신 부모님에게 효도해야 합니다. 그러면 '이 땅에서 잘되고 장수하리라.' 이것이 하나님의 법입니다. 반드시 이 땅에서 살아 계신 부모님께 효도하고 공경하면 땅에서 잘되고 장수하는 복을 누릴 수 있습니다. 하나님께서는 부모를 잘 모시는 자녀에게 건강을 주셔서 오래 세월 효도하게 하시고 물질의 복을 주셔서 좋은 것으로 부모를 잘 모시도록 복을 주는 것입니다. 이게 하나님의 약속입니다.

왜 무조건 세상만 떠나면 관대해집니까? 저 같은 경우에는 물론 제사를 안 지내고 모여서 예배드립니다. 냉철하게 판단해서 조상들의 좋은 점은 본받고 좋지 않은 점은 배우지 말아야 합니다. 살아 계신 부모님께 더 효도하고 잘해 드려야 됩니다.

불교는 정지입니다. 다시 말해 문화 자체가 좌(座)문화입니다. 불교는 부처가 가만히 앉아 있으니까 거기 가는 사람도 모두 그래야 합니다. 절은 적막하고 고요합니다. 그래서 불교를 믿는 사람들은 발전이 없습니다.

불교는 종교가 아닙니다. 깨달음의 철학입니다. 생로병사의 원인을 깨닫는 철학입니다.

그래서 고승들은 전부 다 깊은 산 속에 들어가 도를 닦는 것입니다. 진실하게 불교의 뜻을 깨닫고 산에 올라가서 도를 닦는 사람을 '이판'이라고 하고, 사판은 운명을 점쳐주고 목탁으로 복을 비는 사이비종교를 '사판'이라고 합니다. '이판사판'이라는 말이 거기서 나오는 것입니다.

불교의 발상지는 인도입니다. 그런데 불교 발생한 이후 지금까지 약 2,600년 동안 정말 못 사는 나라가 인도입니다.

인도는 과학이 발달한 나라로 자체 인공위성과 핵무기를 소유하고 있고, 정보 통신이 발달한 나라이며 땅도 넓어서 쌀 세계생산량 4위 안에 드는 나라입니다. 그러나 자원 많고, 땅 넓고 또 과학도 발달한 나라임에도 불구하고 수천 년 동안 가난한 나라에서 벗어나지 못하는 것은 그들이 믿고 있는 불교나 힌두교 사상의 영향이 큰 것입니다.

기독교는 부활신앙입니다.

인생이라는 것은 한 번밖에 없는 중요한 기회입니다. 하나님은 이 기회를 통해 우리가 복을 받을 수 있게 만들어 놓으셨는데, 우리가 그분을 알지 못해 복을 받지 못한다면 그것만큼 불쌍한 일이 어디 있겠습니까?

기독교는 죽었다가 다시 살아나는 부활신앙입니다. 그래서 기독교 신앙은 좌절이 없고 낙심이 없습니다.

세상 사람들이 마지막이고 끝이라고 생각하는 죽음을 경험하고 다시 살아나신 분이 예수 그리스도이기 때문에 우리 기독교인들은 절대로 낙심하지 않습니다. 일어나고 또 일어납니다.

그러므로 이 세상에서 이런 기독교의 신앙만 가지고 산다면, 반드시 승리하고 반드시 복을 받게 됩니다.

25년 전에 제가 목회를 시작하면서 처음에 지하실에서 시작했습니다. 그러나 저는 이런 믿음이 있었습니다.

'하나님은 항상 나와 함께하시기 때문에, 비록 지금은 어려운 지하에서 목회를 하지만 반드시 하나님께서 나의 목회를 축복해 주실 것이다!'

그런 믿음과 소망을 가지고 단 한번도 목회가 어렵다는 불평 없이, 부활신앙으로 축복해 주실 것이라는 흔들림 없는 믿음을 가지고 지금까지 달려왔습니다. 어려울 때도 하나님을 향해서 원망하거나 후회하거나 그런 적이 없습니다. 저는 부활신앙을 믿었기 때문에 그렇습니다.

세상 사람들은 죽으면 끝이라고 생각하기 때문에 살다가 어려우면 자살합니다. 그러나 기독교인들은 지금의 어려움이 끝이 아니기 때문에 예수 믿는 사람들은 절대 자살하지 않습니다.

몇 년 전에 30대 여자가 5살배기 자기 딸을 데리고 아파트 19층에서 뛰어내렸습니다. 우울증 환자라고 합니다. 그것이 하나님을 모르는 사람들의 최후의 선택입니다.

하나님을 아는 사람들은 절대 그렇지 않습니다. 우리는 이 세상을 살아가면서 우리의 영혼도 구원받지만 이 땅에서 세상을 헤쳐 나갈 수 있는 큰 힘도 얻습니다. 이것이 바로 기독교신앙이요 부활신앙입니다.

부활신앙을 가진 사람들은 "지금은 비록 어렵고 힘들어도 하나님은 나를 반드시 일으켜 세워 주실 것이다."라는 믿음이 있기 때문에, 절대로 찡그리고 다니거나 좌절하지 않습니다.

이렇게 사람들이 어느 종교를 믿느냐에 따라 그 삶의 결과에 큰 차이가 납니다.

세상에 무신론자는 없습니다. 무언가는 믿고 있습니다. 자신의 힘, 자신의 주먹을 믿는 사람, 돈이 있으면 다 된다고 믿는 사람, 나 외에는 아무것도 믿지 않는 사람들이 자기를 신으로 믿는 종교가 '나신교'입니다.

이렇듯 세상 사람들은 무엇인가에 다 의지하고 사는 것입니다. 절대로 인간은 스스로 살 수 없습니다. 이렇게 종교가 없이는 살 수 없는 인생들이 어느 종교를 가지고 살아가느냐에 따라서 그 종교의 영향을 받게 되어 있습니다.

종교의 영향을 공감하신다면, 이제부터 이 기독교신앙·부활신앙 속에서 하나님과 관계를 맺고 살아가야 합니다.

하나님과 관계를 맺을 때, 하나님과 친밀한 관계, 즉 우리가 "하나님 아버지!" 이렇게 부르면 하나님 아버지께서 금방 나를 알아볼 수 있는 그런 깊은 관계를 맺어야 합니다.

사람도 친한 사이라야 부탁도 할 수 있는 법입니다. 관계를 맺었다 할지라도 고작 10년에 한 번 만나는 사이면 서먹서먹해서 부탁도 못합니다.

그래서 하나님과 단순히 아는 관계로 맺을 것이 아니고, 하나님이 나를 알고 내가 하나님을 아는 아주 깊은 관계, 친한 관계를 맺어야 하나님의 도움을 더 받을 수 있고 많은 복을 받을 수 있습니다. 어떤 사람은 나는 믿기만 하고 교회는 안 다닌다고 합니다. 그것은 바람직하지 않습니다.

하나님께서 '너희들은 하나님이 기르시는 양'(시 100:3)이라고 하셨습니다. 양이라는 동물은 절대로 스스로 살 수 없는 동물입니다. 초식동물이라 이빨이나 발톱이 날카로운 것도 아니고, 그렇다고 공격할 수 있는 뿔이 있는 것도 아닙니다. 또 하체가 짧아서 구덩이에 빠지면 혼자서는 일어나지도 못합니다.

하나님은 우리를 가리켜, 사자나 호랑이 같은 강한 동물이 아닌 양이라고 하셨습니다.

"그는 우리의 하나님이시요 우리는 그가 기르시는 백성이며 그의 손이 돌보시는 양이기 때문이라 너희가 오늘 그의 음성을 듣거

든"(시 95:7).

목동과 목장, 이 두 가지가 반드시 필요한데 목자장이신 예수와 목장인 교회를 뜻합니다.

핏값으로 세우신 교회에 들어와야 보호받습니다.

예수님께서 핏값으로 세우신 주님 몸 된 교회 속에서, 하나님을 믿는 사람들은 반드시 그 안에 들어와 있어야 보호를 받을 수 있습니다. 그러므로 나는 마음으로 믿고 교회는 안 다닌다는 사람은 믿지 않는 것으로 봅니다.

마음으로 믿으면 자기가 양이라는 사실을 인정하고 반드시 목장 안에 속해서 목동의 보호를 받고 목동과 가까이 있어야 됩니다. 목동 곁을 떠나서 울타리를 어슬렁거리면 바깥의 맹수들에게 언제든지 잡아먹힐 수도 있습니다.

양이 어떻게 해야 되는가 잘 알아야 합니다.

결론적으로, 목자이신 하나님 안에 거하고, 목장인 교회 안에 잘 있으면서 목동의 말을 잘 들으면, 털이 북실북실하게 되어 있고, 때가 되면 새끼를 낳고 또 젖을 짜게 되어 있습니다.

이렇게 쉬운 원리를 잘 깨달으시고 오늘부터라도, '나부터라도 복 있는 사람이 되어서, 내가 우리 후손들에게 하나님의 복을 물려주는 복의 조상이 되어야지.' 이런 귀한 결단만 한다면, 하나님께서 많은 복을 내려주실 것입니다. 할렐루야!

기드온 성경대학(G.B.C.) 시리즈 제2과 : 창세기 2:7

2. 인간은 영원히 사는 존재

"여호와 하나님이 땅의 흙으로 사람을 지으시고 생기를 그 코에 불어넣으시니 사람이 생령이 되니라"(창 2:7).

본문은 하나님께서 사람을 지으시는 과정을 설명하고 있습니다.

흙으로 된 사람이 있고, 생기를 넣은 영의 사람이 있다고 말씀하고 계십니다.

사람이 이 세상에서 살아가는 것을 '삶'이라고 합니다. 삶이란 단어에서 사람이란 단어가 나왔고, 사람은 살고 있기 때문에 사람이라고 말합니다.

그런데 사람이 왜 사는지 모르고 사는 사람들이 많습니다.

사람들에게 "당신은 왜 사십니까?" 하고 물어보면 여러 가지의 대답이 나옵니다.

어떤 분은 '살기 위해 산다.'고 대답합니다. 참으로 안타까운 대답입니다. 이 세상에는 개도 살고 돼지도 삽니다.

또 어떤 분은 '먹기 위해 산다.'고도 합니다. 사람은 태어나면서부터 먹기 시작합니다. 계속해서 육체 속으로 집어넣기만 합니다. 죽을 때에는 '곡기를 끊는다'는 말처럼 먹지 못해서 죽는 것입니다.

조금 차원이 높은 사람은 '죽기 위해 산다.'고 합니다. '남이 사니까 산다.'는 사람도 있습니다.

그러나 어떻게 살든지 사람은 살다가 반드시 육체는 한 번 죽게 되어 있습니다. 거기에서 인생이 끝이 나는 것입니다.

그런데 창조주 하나님께서 사람을 만드실 때 이 땅에서 살다가 죽어서 없어지는 하찮은 존재로 만드신 것이 아니고, 영원히 사는 존재로 만드셨다는 사실을 알아야 합니다.

우리는 영원히 사는 존재입니다. 사람들이 이 사실을 모르기 때문에 살다가 죽으면 끝이라는 생각으로 육체를 가지고 별별 죄악을 다 저지르며 사는 것입니다. 이렇게 하고 사나 저렇게 하고 사나 죽는 것은 마찬가지이므로 자신이 하고 싶은 일을 다 하고 죽고자 합니다.

이런 생각으로 인해 이 세상에 여러 가지 끔찍한 일들이 발생하는 것입니다. 사람이 열심히 살기 위해 몸부림치다가, 살다가 죽으면 끝이라는 생각에 도달하면 못할 것이 없어지며 사나 워지는 것입니다.

이 생각으로 끔찍한 범죄를 저지르고 강도짓도 하고 자기를 낳아주고 키워준 부모도 죽이게 되는 일이 생기기도 하는 것입니다.

그러므로 우리에게 가장 중요한 교육은, 사람은 살다가 죽어도 끝이 아님을 가르쳐야 하는 것입니다. 사람은 영원히 산다는 것과 죽음 후에는 반드시 심판이 있다는 것을 가르치면 아마 이 세상의 죄가 절반으로 줄어들 것입니다.

살다가 죽으면 끝이고 심판이 있다는 것을 모르니까 아무렇게나 사는 것입니다. 죽음을 면죄부라고 생각하는 이 세상의 사람들이 자기 마음대로 죄를 저지르고도 죄의식을 느끼지 않기 때문에 죄악이 더 심해지는 것입니다. 죽으면 끝이라는 개념 때문입니다.

사람은 영원히 사는 존재입니다.

사람은 살다가 죽어 없어지는 하찮은 존재가 아니라 영원히 사는 존재입니다.

육체는 하나의 기회일 뿐입니다. 육체는 죽지만 영혼은 영원히 살아서 이 땅에서 어떤 삶을 살았는가에 따라서 그 삶에 대한 심판을 받을 수밖에 없습니다.

고린도후서 5장 10절 말씀입니다.

"이는 우리가 다 반드시 그리스도의 심판대 앞에 나타나게 되어 각각 선악간에 그 몸으로 행한 것을 따라 받으려 함이라."

이 사실을 안다면, 육체를 가지고 살 때 한 번쯤은 생각해보고 나쁜 짓을 하려고 할 때 멈추기도 하는 등 자신을 컨트롤할 수 있는 능력이 생길 것입니다.

그러므로 학교나 가정에서 제일 먼저 가르쳐야 할 것은, 사람은 살다가 죽으면 끝나고 없어지는 존재가 아니라 영원히 사는 존재라는 것입니다. 그러니까 죽음은 결코 현실의 도피가 될 수 없다는 것을 심어줘야 합니다.

그러면 아이들이 한번쯤 자신의 삶에 대해 진지하게 생각하며 살아갈 것입니다. 이것이 제일 중요한 것 아닐까요?

제가 청년 때에 성경을 읽으면 궁금한 것들이 많았습니다. 가장 궁금한 것이 하나님께서 선악과를 만드신 것이었습니다.

선악과를 안 만드셨으면 사람들이 죄 지을 일도 없고, 하나님께서 예수를 보내어 인간들을 위하여 십자가에 못박혀 피 흘려 죽게 할 일도 없었을 텐데… 하는 것이었습니다.

하나님이 왜 선악과를 만들었는지 궁금해서 물어보면 아무도 가르쳐 주는 사람이 없었습니다. 선악과는 금단의 열매이므로 봐서도 안 되고 먹어서도 안 되고 이유를 달지 말고, 더 이상 알려고도 하지 말라는 것이었습니다.

제가 보기에 선악과는 매우 중요한 열매였습니다. 이를 따 먹어서 여러 가지 복잡한 일이 생겼기 때문입니다.

'아니, 왜 그러셨지? 하나님께서 모든 만물을 만드시고, 선악과만 만들지 않으셨으면 아무 일도 없었을 텐데….'

그런데 분명 하나님은 선악을 알게 하는 나무를 만드셨습니다.

'그 이유가 무엇일까?'

너무나 궁금해서 참을 수가 없었습니다. 그래서 목사님께 여쭈어보았는데, 대답을 안해 줌으로써 신뢰가 깨졌습니다. 내가 알지 못하고 이해하지 못하는 것을 구태여 믿을 필요가 있겠는가 하는 마음이 들었습니다.

이때 교회를 떠날 수 있는 사건이 생겼습니다.

청년 때에, 다니던 교회 목사님의 자녀들의 가정교사를 했었는데 공부를 가르치고 있었는데, 목사님과 사모님께서 당신의 처남과 제 여자친구를 짝지어 주자고 말씀하시는 것이었습니다.

목사님의 계획을 바꿀 수도 없고, 이길 수도 없었기 때문에 여자친구에게 이 교회에 다니지 말자고 이야기했습니다.

영문도 모르는 여자친구는 '왜'라고 이유도 묻지 않고 좋다고 하여 어릴 때부터 다녔던 교회를 그만두었습니다. 하나님에 대한 신뢰도 깨지고, 제 여자친구를 목사님 처남과 소개시켜 준다고 하니 교회에 나가기가 싫었던 것이었습니다.

그리고 우여곡절 끝에 결혼을 하였으나 처갓집의 반대가 너무 강했습니다. 지금은 제 외모가 그런대로 보기 좋아졌지만 청년 때엔 정말 볼품이 없었습니다. 총기는 있었지만 겉으로 보기에 볼품도 흠모할 만한 것도 없었습니다.

처가에서의 반대는 당연했습니다. 그러나 자식 이기는 부모가 없듯이 우리는 결국 결혼을 하게 되었습니다.

저는 결혼할 때에 처가에서 반지도 안 해주었습니다. 도저히 사위로 인정하지 못하겠다는 것이었습니다.

그런데 지금 생각해보면 나라도 반대했을 것입니다. 부모가 되니 그 심정이 이해가 됩니다. 교제할 때는 결혼하면 모든 것이 꿈같이 좋을 줄 알았는데 막상 결혼하니 현실은 결코 꿈이 아니었습니다.

결혼은 생활이기 때문에 모든 것이 연애 때와 같을 수는 없는 것이었습니다. 가장이라는 중압감도 생각보다 더 무겁게 저를 짓눌렀습니다. 교회에도 안 다니면서 아내가 아이를 낳고 보살피느라 정신이 없자, 저는 그때부터 바깥으로 놀러 다니고 등산을 다녔습니다.

대한항공에 들어가 직장생활을 하면서 세종산악회를 만들었습니다. 그리고 광화문에 세종레포츠라는 친구가 세운 등산용품점을 본부로 삼아 등반대장을 하면서 산을 다녔습니다. 그렇기 때문에 토요일이나 주일에는 거의 집에 없었습니다.

아내가 힘드니까 다시 먼저 교회를 다니기 시작하였습니다. 믿음이 있어서가 아니라 개척교회에서 피아노 반주를 부탁하니까 작은 교회를 다니기 시작한 것입니다.

비 오는 날은 산에 못 가니까 낮에 날이 개면 놀러 가려고 교회 앞에 가서 기다렸다가, 예배시간이 끝날 때쯤이 되면 아이들을 데려오려고 안으로 들어갔습니다.

그러면 목사님이 제게 반갑게 인사를 건네며 말씀하곤 하셨습니다.

"황 선생, 교회 좀 나오시죠."

"네, 알았습니다."

저는 건성으로 입으로만 대답을 하고 아이들 둘을 데리고 나오면 그만이었습니다. 개척교회 목사가 그렇게 측은하고 불쌍하게 보일 수가 없었습니다.

그렇게 날씨 좋은 날이면 등산 가고, 여기저기로 놀러 다니면서 살았습니다.

정신 번쩍난 하나님의 음성, "다음은 네 차례다!"

제가 교회를 떠나 있는 사이에 집안 친척들이 다 예수를 믿게 되었습니다. 시골에서는 살기 힘드니까 서울로 올라와 다 모여 살았습니다.

큰집에서는 사촌형님이 제일 똑똑했습니다. 행시를 패스해서 삼성그룹 비서실에서 근무했고, 우리 집에서는 제가 제일 잘 되었습니다. 그런데 둘은 교회를 다니지 않았습니다.

성묘를 가면 다른 가족은 모여서 예배를 드리는데 형님과 저는 엎드려 절을 했습니다. 그래도 둘이 제일 잘 되었기 때문에 다른 사람들이 말리지를 못하였습니다.

그러던 어느 날, 사건이 벌어졌습니다. 형님 가족 일곱 명이 동해안으로 여행을 갔습니다.

예천에서 문경으로 넘어오다가 차가 완전 폐차가 될 정도로 논둑으로 굴렀습니다.

그런데 다른 사람은 멀쩡한데 창문 쪽에 앉은 아홉 살짜리 외아들 혼자만 이마가 찢어져서 피를 너무 많이 흘려 죽었습니다.

문상을 가서 가만히 쳐다보고 있는데 갑자기 "다음은 네 차례다." 하는 것입니다. 그렇지 않아도 조카 얼굴과 우리 큰애와 얼굴이 교차되고 있었는데 '다음은 네 차례다.' 하는 것이었습니다. 그것은 하나님의 음성이었습니다.

깜짝 놀라서 조카의 얼굴을 보면서 회개가 터지기 시작하는 것이었습니다. 무엇보다도 사람이 살아 있다는 것이 얼마나 놀랍고 귀한 것이지를 깨달았습니다.

조카와 제 큰애의 얼굴이 교차하면서 다음은 내 아이가 될 수도 있다는 것이었습니다. 죽은 조카의 시신을 보면서 내가 하나님을 떠나서 살았던 것에 대해서 회개가 터지면서, 눈물·콧물이 발까지 수도꼭지를 틀어놓은 것처럼 흘러나오는 것이었습니다.

이 때, 하나님께서 '조카가 죽은 것은 몸속의 영혼이 몸에서 나왔기 때문에 죽은 것이다.' 하는 것을 깨닫게 해 주시는 것이었습니다.

그동안 영혼이라는 얘기를 많이 들었는데 제가 주검을 보면서 영혼의 실체를 본 것입니다.

영혼이 눈에 보이지 않지만 영혼이 몸속에 들어와 있을 때의 상황과 나갔을 때의 상황을 본 것입니다. 마치 바람이 눈에 보이지 않지만 바람을 몸에 맞으면 바람의 세기를 엄연히 느낄 수 있듯이 말입니다.

"아! 영혼의 실체가 이렇게 중요한 것이구나."

저는 깨달았습니다. 사람이 육체가 건강하다고 사는 것이 아니라는 것을. 육체 속에 영혼만 들어 있으면 비록 팔다리가 없다고 할지라도 그 사람은 살아 있는 것입니다.

많은 사람들에게 잘 알려진 일본의 오토다케나 호주의 닉 부이치치라는 청년은 팔다리가 없어도, 영혼이라는 실체가 육체 속에 들어 있기 때문에 살아 있는 것입니다. 사지가 멀쩡해도 어느 날 영혼이 휙 하고 나가버리면 그 육체는 시체가 되는 것입니다.

삶과 죽음을 결정짓는 요인은 영혼이 육체 속에 남아 있느냐 떠났느냐 하는 것입니다.

그동안 영혼이 이렇게 중요한 것인지를 가르쳐주는 사람도 없었고 알 수도 없었으나, 영혼이라는 존재는 실체·실존인 것이었습니다.

그동안 나의 육체가 진정한 나인 줄 알고 육체를 보고 육체의 소욕에 따라 살아왔으나, 내 육체 속에 들어 있는 영혼이 진정한 나, 나의 실체임을 깨달았습니다.

나의 주체는 보이지 않는 나, 영혼입니다.

사람은 보이는 나와 보이지 않는 나가 있습니다. 즉 보이는 육체와 보이지는 않지만 실존하는 나인 내 육체 속에 들어 있는 영혼이 있습니다. 그러나 주체는 보이지 않는 나, 영혼인 것입니다.

우리 육체는 흙으로 만들어졌습니다. 혼은 지성과 감정과 의지를 가진 인격을 말합니다. 인격이 육체를 지배하기 때문에 육체가 살아서 표현하는 것입니다.

혼에 있는 우리의 마음(정신)이 육체를 지배하기 때문에 몸이 움직이는 것이지, 흙으로 만든 육체가 스스로 살아서 움직이는 것이 아닙니다. 육체는 마음을 표현한 실체일 뿐입니다.

영은 하나님께로부터 온 실체(실존)입니다.

흙으로 만든 육체가 하나의 실존이듯이 하나님의 입에서 나온 생기, 즉 영이 또 하나의 실존입니다. 영혼이 진정한 나라는 것입니다.

육체가 깨지면 육체는 흙으로 돌아가지만 혼은 영에 붙어서 떠나기 때문에 사람이 죽었을 때 '영혼이 떠나갔다'라고 표현하는 것입니다. 이 영혼도 지성과 감성과 의지를 가지고 있는 실체입니다.

그러나 나는 그동안 육체가 나인 줄 알고 살았습니다. 나의 가난을 아이들한테 물려주지 않고 잘살기 위해 살았고, 등산을 가는 등 육체를 즐기기 위해서 살았습니다.

그러다 영혼이 주인이라는 사실을, 진정한 나라는 사실을 깨닫게 되었습니다. 여기에서 돌이키며 그동안 살아왔던 육체의 삶을 회개하였습니다.

그 다음날 조카를 매장하고 돌아오면서, 빨리 집에 가서 살아 있는 가족을 확인하고 싶었습니다.

아내와 아이들을 보는 순간, 너무나 사랑스럽고 살아 있다는 것이 그렇게 귀할 수가 없었습니다.

그래서 아이들을 안고 아내에게 그동안의 잘못을 빌고 그때부터 영혼을 위한 삶을 살기 위해 내 육체의 삶을 마감하였습니다. '진짜 나를 위해 살리라.' 하고 결심하였습니다. 내 힘으로 할 수 없는 것인데 하나님께서 결단시키시는 것이 놀라웠습니다. 과거의 죄악 된 삶과 완전히 절단하고 교회에 나가기 시작하였습니다.

전에는 선악과를 왜 만들었느냐의 문제의 답을 가르쳐주지 않아서 분신이 생겼는데, 이번에는 하나님을 먼저 만남을 통해 의심이 아니고 의문이 생기는 것입니다.

그동안 하나님을 몰라서 7년 동안 죄악 된 삶을 살았던 것이므로, 하나님을 잘 알고자 기도하고 성경을 읽기 시작하였습니다. 이것이 오늘날 기드온 성경대학을 시작하게 된 동기였습니다.

하나님을 몰라서 못 믿는 사람, 하나님을 몰라서 인생을 방황하는 사람, 혼돈 속에 사는 사람들에게 하나님의 뜻을 잘 가르쳐야겠다고 생각하며 기도하면서 기드온 성경대학이 탄생된 것입니다.

여러분들이 그동안 관념적으로 알아온 영혼을 구분하니까 지금은 영과 혼과 육이 따로따로 구분되어질 것입니다. 물의 원소기호는 H_2O입니다. 눈에 보이지 않는 수소와 산소라는 두 원소가 합쳐져, 보이는 물이라는 실체로 나타납니다.

여기에 열을 가하면 물이 분해되어 수소는 수소대로 산소는 산소대로 원래의 모습대로 날아가 버리게 되어 물은 없어집니다. 사람도 마찬가지입니다. 영과 혼과 육체는 완전히 다릅니다. 육체의 원료는 흙이고 혼은 인격·정신이며 영은 눈으로 보이지 않는 하나님의 생기입니다. 흙과 정신과 생기는 완전히 다릅니다.

육체는 기한이 있는 물질이고 영은 영원하며 비물질입니다. 완전히 다른 것이 육체라는 그릇 속에 담겨져 있어 눈으로 보이며, 살아 움직여 실체를 확인할 수 있습니다. 때가 되어 사람이 죽으면, 육체는 육체의 고향인 흙으로 돌아가고 영은 생기이므로 영의 고향인 하나님께로 돌아가야 합니다. 사라지는 것이 아니고 각각의 고향으로 돌아가는 것입니다.

우리의 육체와 혼을 연결하는 기관이 신경입니다. 신경에는 자율신경과 타율신경이 있습니다. 목숨과 관련된 피돌기·맥박뛰기 등 자율신경은 스스로 움직여 줍니다.

그 밖의 것은 타율신경으로 이는 스스로 움직이는 것이 아니라, 정신세계에서 명령해야만 육체가 움직입니다.

정신세계에서 '배고프다, 밥 먹어야지.' 명령해야만, 육체가 이를 따라서 밥을 먹는 것입니다. 즉, 정신세계가 육체를 지배하는 것입니다. 그런데 이 정신, 즉 혼의 세계를 지배하는 것이 진짜 '나'인 영혼이기에 이를 알고 나서 진정한 나인 영혼을 위해 살기로 방향을 바꾼 것입니다.

사람은 육체를 위해서 흙에서 나는 양식을 먹어야 합니다. 혼·인격을 위해서는 지식이라는 양식을 먹어야 됩니다. 이는 인격 없는 짐승과 달리 인간만이 할 수 있는 것입니다.

영을 위해서는 하나님의 입으로 나오는 말씀을 먹어야 됩니다. 하나님의 말씀이 영의 양식인 것입니다. 말씀을 영에 채워 넣어야만 영이 살아갈 수 있습니다.

짐승은 영이 없으므로 육체를 위해서 음식을 취하고 육체가 죽으면 혼이 아래로 내려가 사라지지만, 사람은 영이므로 육체가 죽으면 혼이 올라가 영에 붙으므로 영의 양식을 반드시 먹어야 살 수 있습니다(전 3:15~22).

> **"인생이 당하는 일을 짐승도 당하나니 그들이 당하는 일이 일반이라 다 동일한 호흡이 있어서 짐승이 죽음 같이 사람도 죽으니 사람이 짐승보다 뛰어남이 없음은 모든 것이 헛됨이로다 다 흙으로 말미암았으므로 다 흙으로 돌아가나니 다 한 곳으로 가거니와 인생들의 혼은 위로 올라가고 짐승의 혼은 아래 곧 땅으로 내려가는 줄을 누가 알랴"(전 3:19~21).**

사람은 영과 혼과 육에 받아들여야 할 양식이 다른 것입니다. 그동안 이를 모르고 육체를 위해 음식을 집어넣고 혼을 위해 지식을 집어넣었지 영을 위해 한 것이 없었습니다.

이를 깨닫고 영을 위해 하나님의 말씀을 영의 양식으로 채워, 영을 강건하게 하리라 결단하고 성경을 읽기 시작하였습니다.

성경에는 하나님의 생각과 계획이 담겨 있습니다.

성경은 하나님의 말씀입니다. 하나님의 생각과 계획입니다. 창세기 1장 1~5절 말씀과 요한계시록 22장 16~21절 말씀을 보면 알 수 있습니다.

"태초에 하나님이 천지를 창조하시니라 땅이 혼돈하고 공허하며 흑암이 깊음 위에 있고 하나님의 영은 수면 위에 운행하시니라 하나님이 이르시되 빛이 있으라 하시니 빛이 있었고 빛이 하나님이 보시기에 좋았더라 하나님이 빛과 어둠을 나누사 하나님이 빛을 낮이라 부르시고 어둠을 밤이라 부르시니라 저녁이 되고 아침이 되니 이는 첫째 날이니라"(창 1:1~5).

"나 예수는 교회들을 위하여 내 사자를 보내어 이것들을 너희에게 증언하게 하였노라 나는 다윗의 뿌리요 자손이니 곧 광명한 새벽별이라 하시더라 성령과 신부가 말씀하시기를 오라 하시는도다 듣는 자도 오라 할 것이요 목마른 자도 올 것이요 또 원하는 자는 값없이 생명수를 받으라 하시더라 내가 이 두루마리의 예언의 말씀

을 듣는 모든 사람에게 증언하노니 만일 누구든지 이것들 외에 더하면 하나님이 이 두루마리에 기록된 재앙들을 그에게 더하실 것이요 만일 누구든지 이 두루마리의 예언의 말씀에서 제하여 버리면 하나님이 이 두루마리에 기록된 생명나무와 및 거룩한 성에 참여함을 제하여 버리시리라 이것들을 증언하신 이가 이르시되 내가 진실로 속히 오리라 하시거늘 아멘 주 예수여 오시옵소서 주 예수의 은혜가 모든 자들에게 있을지어다 아멘"(계 22:16~21).

저는 하나님을 만나고 음성도 듣는 등 하나님의 실존을 만났기 때문에, 성경을 볼 때 의심이 아닌 의문·궁금증이 생기게 되었습니다.

'하나님이 태초에 천지를 창조하셨는데 왜 창조하셨을까?'

'왜 사람을 만드셨을까?'

'왜 하나님이 마지막 날에 사람을 지으셨을까?'

이런 궁금증이 생기기 시작했습니다.

그래서 저는 한 가지씩 기도로 하나님 앞에 여쭈어보면서, 하나님의 뜻을 성경을 통해서 깨닫고 성경을 이해하게 되었습니다. 이제는 성경을 물어보면 납득할 만한 대답을 하고 있습니다.

예전에 종교학박사·철학박사이며 당시 우리나라 번역협회를 대표하는 분이 있었습니다. 그분의 아내가 우리 교회를 다니게 되었는데 남편을 설득해달라는 것이었습니다. 너무나 아는 게 많아서 도대체 남편을 구원할 자가 없다는 것이었습니다. 남편은 누구든지 와서 본인만 설득하면 나오겠다는 것이었습니다.

그래서 남편을 만났는데 그분이 질문을 안하기에, 저 혼자서 네 시간 동안 '왜 예수를 믿어야 되는가?'에 대해서 이야기했습니다.

할 말을 다하고 제가 그분에게 물었습니다.

"예수 믿겠습니까, 안 믿겠습니까?"

그러자 놀라운 대답이 들려오는 게 아닙니까?

"믿겠습니다."

저는 깜짝 놀랐습니다.

"어떻게 질문 한마디 안하고 믿겠다고 하십니까?"

그때 그분이 이렇게 말했습니다.

"네 시간 동안 꼬투리를 잡아서 반문하려고 했는데 반문할 게 없더군요. 그래서 믿기로 했습니다."

그때부터 그분이 궁금한 것이 없으니까 얼마나 어린아이처럼 예수를 잘 믿는지 모릅니다.

이처럼 하나님을 오해하고 있는 사람들에게 하나님이 얼마나 좋으시고 얼마나 우리를 사랑하시는지 설명을 해서, 제가 만난 하나님, 제가 믿는 하나님, 그 좋으신 하나님을 함께 누려보고 싶었습니다.

제가 궁금해서 여쭈어봤던 것과 하나님이 제게 가르쳐주시고 깨닫게 해주신 것을 기드온 성경대학 과정을 통해서 여러분과 나누고 설득하고 싶은 것입니다.

'인간은 육체적 존재다.', '먹기 위해 산다.'라고만 생각하면, 인간처럼 가련하고 불쌍한 존재는 없습니다. 왜냐하면 짐승은 먹기 위해서 인간처럼 노력하지 않습니다.

만일 우리가 짐승처럼 이 세상에서 살다 죽고 사라지는 존재일 뿐이라면, 뼈가 휘도록 일하는 그 수고와 그 땀의 대가는 어디에서 찾을 수 있겠습니까? 인간은 가족을 부양하기 위해 남자는 직장에서 아침부터 저녁까지 이 눈치, 저 눈치를 보면서 심한 스트레스를 받습니다.

애완용 개를 보면 주인이 일하여 밥 주고 목욕시켜 줍니다. 돼지들도 주인이 힘들게 나가서 일하여 돼지 앞에 사료를 갖다 바칩니다.

살다가 죽는 것이 끝이라면 인간처럼 불쌍한 존재는 없습니다. 개가 만약 길에서 차에 치여 죽으면 누가 보신탕 끓이려고 가져갑니다. 소나 돼지 같은 것도 버리는 것이 없습니다.

그런데 영혼을 떠난 사람의 육체를 시체라고 하는데, 이는 보기도 싫고 치우려고 해도 돈이 많이 듭니다. 부모라도 영혼이 떠난 시체를 보면 무섭습니다. 영혼 떠난 사람의 육체는 아무도 좋아하지 않습니다.

옛날에 히틀러가 유대인들을 가스실에서 죽인 후 지방으로 비누를 만들려고 짰다고 합니다. 마른 사람은 비누 한 장, 살찐 사람은 비누 석 장 정도가 나온다고 합니다. 이것이 영혼 떠난 육체의 모습입니다.

우리가 무엇을 자랑하겠습니까? 자신이 영원히 사는 존재라는 사실을 모르고 살면 자랑할 것이 하나도 없습니다. 그냥 살다가 죽으면 그 영혼은 이 땅에서 자신이 살며 저질렀던 공과의 문제 때문에 심판을 다 받아야 합니다.

옛날에 우리 교회에 다니던 여집사님의 남편이 있었습니다. 건장한 사람이었는데 정기검진을 받다가 후두암이 발견되었습니다.

죽을 때가 되어 백혈병동의 입원실에 있었는데 면회를 가니 몸은 삐쩍 마르고 목만 퉁퉁 부어서 침대에 쭈그리고 앉아 있었습니다.

"불편하실 텐데 왜 그러고 계십니까? 편히 누우시지요."

그러자 그는 이러는 것이었습니다.

"싫습니다. 누우면 자서 못 깰까 봐서요. 그냥 앉아 있겠습니다."

그러더니 며칠 후에 세상을 떠났습니다.

사람이 죽을 때가 되면 불신자들은 안 죽으려고 기를 씁니다. 왜냐하면 사람이 죽을 때가 되면 말을 못해서 그렇지, 영안이 열리는 순간에 저승사자가 끌고 가려고 하기 때문에 안 끌려가려고 기를 쓰며 눈도 못 감습니다.

예수를 안 믿던 저의 고모부가 돌아가실 때 가보니, 방문이 닫혀 있는데 방 밖에 검은 옷 입은 두 사람이 자신을 데리러 왔으니 빨리 만원을 줘서 돌려보내라고 제 이름을 부르면서 애원하는 것이었습니다. 죽는 것도 두려운데 검은 것이 나타나 데려가려고 하니 얼마나 두렵겠습니까! 그래서 눈을 못 감는 것입니다.

사람이 자신이 영원히 사는 존재라는 사실을 모르고 죽음 앞에 서면 그렇게 무서운 것입니다. 너무나 불쌍하고 가련해서 볼 수가 없을 정도입니다. 사람이나 동물이나 죽음 앞에서는 다 두려움을 느낍니다. 본능적으로 죽음이 무엇인지 아는 것입니다.

죽으면 없어지는 동물도 그렇게 죽음을 무서워합니다. 그러니 영이 있는 사람은 얼마나 무섭겠습니까? 살다가 죽으면 끝이라고 말해도 영은 없어지지 않습니다.

사람을 보는 세 가지 관점이 있습니다.

죽음을 피할 수 있는 사람은 아무도 없습니다. 우리가 현실적으로 경험해야 할 순간입니다.

자신이 영원히 사는 존재라는 것을 알고 어디로 갈 것인지 확실히 안다면, 죽음이 두렵지 않을 것입니다. 가는 길을 아는데 뭐가 두렵습니까?

사람이 죽었을 때 우리는 죽었다고 말하지만 본인은 죽은 것을 모릅니다. 육체가 살아 있는 것은 아니지만 영혼이 살아 있는 것입니다.

우리 육체가 아픈 것은 살이나 뼈가 아픈 것이 아닙니다. 그 살이나 뼈에 연결된 신경이 살아 있어서 아픈 것입니다.

사람이 죽고 나면 영혼은 그 육체로부터 떠납니다. 영혼을 떠난 육체는 감각이 없으나 영혼은 살아서 다 느낍니다.

사람이 육체를 벗었어도 그 사람은 자신이 죽는 것을 모르고 살아 있는 것입니다. 보이지 않는 나 자신은 그냥 있습니다.

예를 들어, 겨울에 두꺼운 옷을 입다가 봄에 갈아입으면 그 사람은 옷만 갈아입는 것이지 자신이 죽었다고 생각하지 않습니다.

마찬가지로, 사람은 육체라는 옷을 벗고 영혼으로 갈아입기 때문에 죽는 본인은 자신이 죽었다는 것을 느끼지 못합니다. 그러므로 이런 사실을 아는 자는 죽음이 두렵지 않습니다. 사람은 영원히 사는 존재라는 사실을 먼저 알아야 합니다.

디도서 1장 1~3절 말씀입니다.

"하나님의 종이요 예수 그리스도의 사도인 바울 곧 나의 사도 된 것은 하나님의 택하신 자들의 믿음과 경건함에 속한 진리의 지식과 영생의 소망을 인함이라 이 영생은 거짓이 없으신 하나님이 영원한 때 전부터 약속하신 것인데 자기 때에 자기의 말씀을 전도로 나타내셨으니 이 전도는 우리 구주 하나님의 명대로 내게 맡기신 것이라."

이것을 알면 어찌하든지 진지하게 인생을 생각하며 살 것입니다. 가볍게 마음 내키는 대로 살지는 못할 것입니다.

사람을 보는 세 가지 관점이 있습니다.

첫째 생물학적 관점, 둘째 철학적 관점, 셋째 종교학적 관점으로 나눌 수 있습니다.

생물학적 존재로 보는 관점은 사람은 살다가 죽으면 끝이고 짐승과 같은 존재이며, 사람은 사회적 동물로 먹기 위해 산다고 합니다. 이런 사람은 제일 하등한 삶을 사는 사람입니다.

철학적 관점은 사람을 이성적 피조물로 보며, 사람은 죽기 위해 산다고 합니다. 철학의 끝은 죽음입니다. 허무주의입니다. 그리하여 자살도 하는 것입니다.

중광스님은 임종 때 "괜히 왔다 가네."라고 하였습니다. 이는 인생의 행로를 알지 못하는 사람의 마지막입니다.

석가모니도 인생은 허무한 것이라고 하였습니다. 불교는 무신론 · 철학 · 깨달음의 종교입니다. 생물학적 관점보다 조금 나은 사람들입니다.

종교적 관점으로 보는 사람은 신앙을 갖고 있는 사람입니다. 종교(宗敎)는 한문으로 '최고의 기르침'이라는 뜻입니다.

종교에는 두 가지가 있습니다. 고등종교와 하등종교가 있습니다.

하등종교는 종교로 인정을 하지 않습니다. 하등종교는 교리는 없고 종교행위만 있습니다. 즉, 고목나무에 비는 것은 고목나무에 대한 교리는 없고 비는 행위만 있는 것, 즉 미신입니다.

고등종교는 교리와 종교행위가 있는 것입니다. 종교적 관점에서 인간을 바라보는 사람은 제일 높은 수준의 사람입니다. 사람의 삶과 죽음 · 영생에 대한 관심을 갖고 있으므로 제일 높은 수준의 삶을 살고 있는 사람이라고 볼 수 있습니다 여러분, 어떤 수준의 삶을 살고 싶습니까?

'인간은 영원히 사는 존재인데 사람이 살다가 죽으면 어떻게 되는 것인가?'

이러한 생각이 제일 높은 수준의 삶입니다.

여러분들이 인생을 살아가면서 '사람은 삶을 사는 존재인데, 그냥 살 것이 아니라 영원히 사는 존재로 어떻게 될 것인가?' 하는 관점에서 살아간다면, 여러분의 삶이 훨씬 더 고차원적이고 의미 있는 삶이 될 것입니다. 그리고 이러한 방향의 전환을 통해서 좀더 품격 있는 인생을 살아갈 수 있으리라 확신합니다.

갈라디아서 5장 19~24절 말씀입니다.

"육체의 일은 분명하니 곧 음행과 더러운 것과 호색과 우상 숭배와 주술과 원수 맺는 것과 분쟁과 시기와 분냄과 당 짓는 것과 분열함과 이단과 투기와 술 취함과 방탕함과 또 그와 같은 것들이라 전에 너희에게 경계한 것 같이 경계하노니 이런 일을 하는 자들은 하나님의 나라를 유업으로 받지 못할 것이요 오직 성령의 열매는 사랑과 희락과 화평과 오래 참음과 자비와 양선과 충성과 온유와 절제니 이같은 것을 금지할 법이 없느니라 그리스도 예수의 사람들은 육체와 함께 그 정욕과 탐심을 십자가에 못 박았느니라."

여러분께서 '인간은 영원히 사는 존재'라는 사실을 깨닫고, 이 부분에 관심을 갖고 우리를 만드신 하나님의 뜻을 알고 하나님의 뜻대로 살아가시기를 바랍니다.

3. 살리는 것은 영이다

"살리는 것은 영이니 육은 무익하니라 내가 너희에게 이른 말은 영이요 생명이라"(요 6:63).

앞의 제2권에서 우리 인간은 영과 혼과 육으로 되어 있다고 했습니다. 그래서 살아 있을 때는 혼이 육체를 지배하다가 이 육체가 깨지면, 혼이 영에 붙어서 '영혼이 떠나간다.'고 말씀드렸습니다.

중요한 것은 영혼입니다. 육체는 살다가 죽으면 사라지지만 이 영혼은 살아 있습니다. 그래서 이 영혼을 가리켜 '신체에 깃들여진 초자연적인 존재'라고 합니다.

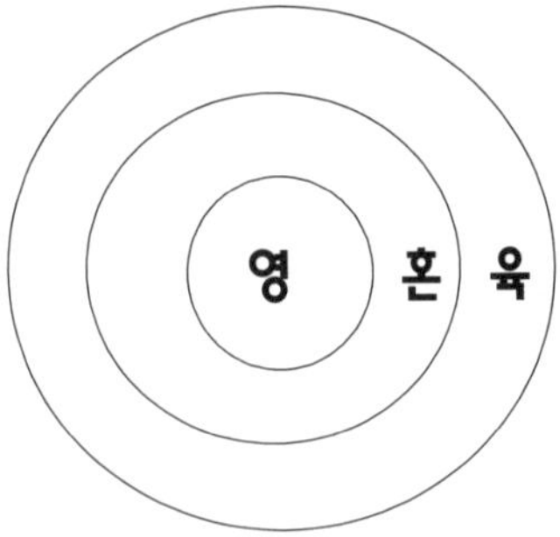

또 소크라테스나 플라톤 같은 유명한 철학자도 '영혼이야말로 참된 자기이고, 지(知)와 선(善)의 주체이다.'라며 영혼에 대해서 나름대로 정의를 내렸습니다.

육체가 살아 있는 동안은 혼, 즉 인격이 지성과 감성과 의지를 가지고 육체를 지배하고, 육체가 깨지면 혼이 영에 붙어 위로 올라가는 것입니다.

그런데 짐승에게는 영이 없습니다. 짐승은 그냥 혼과 육만이 있습니다. 그래서 짐승이 살다가 육체가 깨지면 혼은 위로 갈 수 없어서 그냥 아래로 내려가 없어져 버립니다.

그렇기 때문에 여러분은 짐승 같은 것들을 숭배하면 안 됩니다. 짐승은 이 세상에 살다가 사라지고 없어지는 존재일 뿐입니다. 절대로 숭배의 대상이 아닙니다.

사람을 특별한 존재로 창조하신 하나님

천지 만물을 지으실 때, 하나님께서는 인간들로 하여금 만물을 다스리라고 하셨습니다. 그러나 사람들이 죄를 지은 후부터 짐승을 숭배하게 되었습니다. 그래서 우리나라에서는 태어나자마자 호랑이띠 · 용띠 · 뱀띠 등 전부 짐승의 띠를 허리에 두르고 짐승의 팔자로 바뀌는 것입니다.

그러다 보니, 사람들이 호랑이 · 용 · 뱀 등이 좋다고 그런 짐승의 상을 만들어 집에 두고 숭배하는 등, 하나님이 기뻐하지 않으시는 그러한 일들을 많이 했습니다.

그러나 이제 사람으로 돌아가야 합니다. 하나님이 사람을 지으실 때 하나님께서는 사람을 특별한 존재로 만드셨습니다. 하나님의 일을 대행할 수 있는 그런 존재로 만드셨기 때문에, 다시 하나님께서 창조하신 창조의 섭리대로 짐승을 지배할 수 있는 그런 상태로 돌아가야 합니다.

지금도 어떤 사람은 나이를 물을 때 무슨 띠인지 묻기도 하고, 띠 동갑이란 말을 사용하기도 합니다. 여러분들은 이제부터 짐승 띠 얘기하면 안 됩니다.

그러나 여러분들에게도 띠가 있는데 그것은 바로 '예수 띠'입니다.

앞으로 누가,

"실례지만 무슨 띠입니까?"

하고 물어 오면,

"나는 예수 띠입니다."

하고 당당하게 말씀하십시오.

하나님의 띠로 돌아가야 합니다.

점쟁이들은 운세를 볼 때 반드시 띠를 물어봅니다. 띠를 넣지 않으면 점괘가 나오질 않습니다. 짐승의 띠로 나오는 운세, 그것은 너무나 어리석고 불쌍한 짓이므로 물어보지도 마시고 물어볼 필요도 없습니다.

구약성경 전도서 3장 15~22절을 보십시오.

"이제 있는 것이 옛적에 있었고 장래에 있을 것도 옛적에 있었나니 하나님은 이미 지난 것을 다시 찾으시느니라 또 내가 해 아래에서 보건대 재판하는 곳 거기에도 악이 있고 정의를 행하는 곳 거기에도 악이 있도다 내가 내 마음속으로 이르기를 의인과 악인을 하나님이 심판하시리니 이는 모든 소망하는 일과 모든 행사에 때가 있음이라 하였으며 내가 내 마음속으로 이르기를 인생들의 일에 대하여 하나님이 그들을 시험하시리니 그들이 자기가 짐승과 다름이 없는 줄을 깨닫게 하려 하심이라 하였노라 인생이 당하는 일을 짐승도 당하나니 그들이 당하는 일이 일반이라 다 동일한 호흡이 있어서 짐승이 죽음 같이 사람도 죽으니 사람이 짐승보다 뛰어남이 없음은 모든 것이 헛됨이로다 다 흙으로 말미암았으므로 다 흙으로 돌아가나니 다 한 곳으로 가거니와 인생들의 혼은 위로 올라가고 짐승의 혼은 아래 곧 땅으로 내려가는 줄을 누가 알랴 그러므로 나는 사람이 자기 일에 즐거워하는 것보다 더 나은 것이 없음을 보았나니 이는 그것이 그의 몫이기 때문이라 아, 그의 뒤에 일어날 일이 무엇인지를 보게 하려고 그를 도

로 데리고 올 자가 누구이랴.”

20절에 보면, “다 흙으로 말미암았으므로 다 흙으로 돌아가나니 다 한 곳으로 가거니와”라고 했습니다. 짐승도 사람도 육체는 흙으로 만들어져 있기 때문에 흙으로 돌아간다고 합니다.

21절에 “인생의 혼은 위로 올라가고 짐승의 혼은 아래 곧 땅으로 내려가는 줄을 누가 알랴”고 했습니다. 다시 말하면, 육체는 짐승이나 사람이나 똑같이 흙으로 돌아가는 것은 마땅하지만 짐승의 혼은 아래로 내려가고, 인간의 혼은 위로 올라간다는 것입니다.

만일, 영이 없다면 왜 죽은 조상들에게 제사지내고, 꿈속에 나타나고, 여러분의 삶에 영향을 주는 일들이 생기겠습니까?

몇 년 전 신문에서 여성잡지 광고를 봤는데, 탤런트 김수미 씨가 3년 동안 죽은 시어머니의 혼이 씌어 자살하고 싶고, 하루에 소주를 2병씩 마시지 않으면 잠을 이루지 못하는 등, 자신이 아닌 죽은 시어머니의 삶을 살았다고 합니다.

만일 사람이 살다가 무로 돌아간다면 사람에게 이런 일은 생기지 않습니다.

무당들은 모두 내림굿을 합니다. 신내림·무병이라고 해서, 본인은 너무 아파 통증조차 호소하기 어려운데 최첨단병원에서 종합검진을 받아보면 아무런 이상이 없다고 합니다.

그래서 나중에 점쟁이나 무당을 찾아가면 ‘신병’이라고 합니다. 여러분도 ‘신병’이라는 말을 들어보셨을 것입니다. 직접 경험하지는 않았어도 주변 사람이나 책·뉴스 등을 통해 많이 접했을 겁니다.

'신병'은 귀신의 병입니다. 그렇기 때문에 그 신을 인정하고 신의 인생을 살아가면, 그 신이 너를 아프게 하지 않을 것이라고 무당들이 말을 합니다.

우리는 그런 신들을 눈으로 볼 수는 없지만, 신을 받아 신의 삶을 살아가는 무속인들을 보면 영적인 존재가 있음을 알 수 있습니다.

우리가 바람을 보진 못하지만 우리 몸에 닿는 느낌을 통해 바람이 있음을 아는 것과 같은 이치입니다. 이렇게 우리가 눈으로 볼 수 없어도 존재하는 것, 느낄 수 있는 것들이 많은 것처럼, 사람의 육체는 죽어도 영혼은 살아 있다는 사실을 많은 사람이 경험하고 있습니다.

우리가 느끼지 못할 뿐이지, 우리 삶의 많은 부분이 그런 영적인 존재들에 의해서 많은 영향을 받고 있습니다.

좋은 예로 이런 교통사고가 있었습니다. 우리 교회의 어떤 신자분이 오토바이를 타고 가다가 죽전 삼거리 정지선에 멈춰 있는데, 갑자기 돌아가신 아버지가 건너편에 나타나서 오라고 손짓하여, 자신도 모르게 출발하여 앞에 정지해 있던 자동차를 추돌하는 사고가 있었답니다.

이런 사실을 누구에게 얘기하며, 또 얘기한들 누가 이 사실을 믿겠습니까? 여러분은 이런 경우에 어떻게 생각하시겠습니까? 환상을 봤든 착각을 했든 결과적으로 분명히 세상을 떠난 아버지가 생시처럼 나타나서 오라고 하니까 간 것입니다.

이처럼 사람의 육체는 깨져도 영혼은 있다는 사실을 알아야 합니다.

그렇다면 그동안 수많은 사람들이 이 세상에서 살다가 죽었는데 그 영혼은 어디에서 어떻게 사는지 궁금해집니다.

보이지 않는 세계가 보이는 세계를 지배한다고 했습니다. 혼은 보이지 않지만 그 혼이 육체의 삶을 지배합니다. 마음이 육체를 지배하기 때문에 어떤 마음을 먹느냐에 따라서 육체가 움직이는 것 아니겠습니까?

이렇게 보이지 않는 영의 세계가 육체의 삶을 지배하고 있습니다. 이런 사실을 여러분들이 잘 아시고, "살리는 것은 영이니 육은 무익하니라 내가 너희에게 이른 말이 영이요 생명이라."고 왜 예수님께서 말씀하셨는지 그 뜻을 아셔야 됩니다.

영이 진정한 자아, 진짜 나입니다.

그리고 우리는 결국 육체를 떠나게 될 영이 진정한 자아, 진짜 '나'라는 것을 깨달아야 합니다.

이 세상에서 사는 날이 그리 길지 않습니다. 족히 100년을 산다 해도 36,500일밖에 살지 못하는 것이 우리의 인생입니다. 그러나 육체의 삶은 그것뿐이지만 영혼의 삶은 영원하기 때문에 진정한 나의 영원한 삶에 이제는 관심을 가지고 살아야 합니다.

위의 그림은 우리 인생을 출발부터 끝나는 순간까지 그린 것입니다.

남자의 씨가 여자의 자궁에 들어가 아기가 잉태되고 10달이 되면 나오기 싫어도 나와야 됩니다.

아기가 엄마 뱃속에 들어 있는 이유는 이 세상에 태어나서 80~100년의 긴 세월을 살기 위한 육체적인 조건을 갖추기 위해서입니다. 그러므로 때가 되면 나와야 합니다.

어머니의 뱃속에서 1년 이상 산 사람은 인류역사상 아무도 없습니다. 아무리 나가기 싫다고 해도 결국은 죽어서라도 나와야 합니다. 아기가 살 곳은 어머니의 뱃속이 아니기 때문입니다.

그러나 문제는 이 아기는 그 사실을 모른다는 것입니다. 아기는 몰라도 인간을 만드신 하나님의 섭리에 의해서 인생이 이루어져 가는 것입니다. 하나님께서는 사람을 만드실 때 아주 위대한 존재로 만드셨습니다.

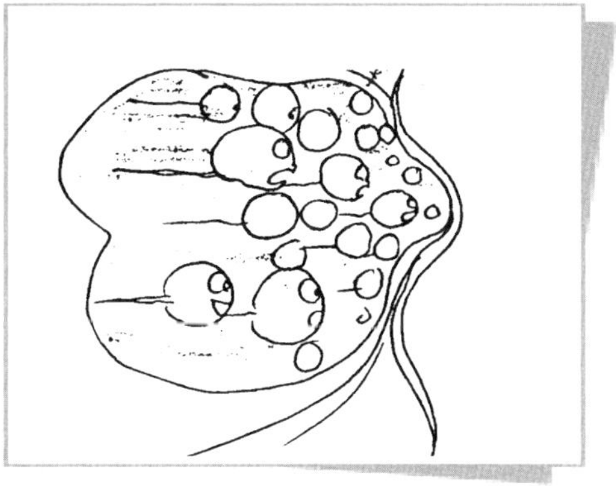

위의 그림은 자궁을 그린 것입니다. 난자가 기다리고 있으면, 남자의 정자가 이 안으로 들어갑니다.

건강한 사람의 경우, 한 번에 1억~3억 개의 정자들이 생성되어 눈이 있는 것도 아닌데 어떻게든 난자를 찾아갑니다. 일등으로 달려온 정자가 난자의 벽을 뚫고 들어가면 신기하게노 이 난자의 모든 문이 닫힙니다.

하나님께서 이렇게 해놓지 않으셨으면 아마 수많은 정자가 수정되어 결국 이 세상에 태어날 아기도 없고 산모도 목숨을 잃게 될 것입니다. 그런데 한 개만 들어가면 이 난자의 벽이 자동으로 닫혀서 그다음부터는 들어갈 수가 없답니다.

사람은 이렇게 엄청난 경쟁률 속에서 태어납니다. 정말 우리 한 사람이 태어난다는 것은 매우 어려운 일입니다. 우리가 인생을 살아가면서 아무리 많은 경쟁률을 뚫는다고 해도 3억 대 1의 경쟁률을 뚫어 본 적이 없습니다.

이 세상에 태어날 때 이렇게 엄청난 경쟁률을 뚫고 태어났기 때문에 우리는 절대로 기죽을 필요가 없습니다. 그러므로 여러분이 이 세상을 살아가면서 '나는 왜 이럴까?' 하며 자학하지 말고, 하나님께서 고르고 골라서 3억 대 1의 경쟁률을 뚫고 이 세상에 태어나게 된 대단한 존재임을 믿으셔야 합니다.

이렇게 수정된 아기는 엄마의 뱃속에서 자라납니다. 정상적으로 정자와 난자가 결합할 때 영혼이 유전됩니다. 하나님의 섭리로 씨 속에 생명이 있습니다. 그래서 동물의 씨에는 동물의 생명이 있고, 식물의 씨에는 식물의 생명이 있는 것입니다.

바짝 마른 씨 같아도 그 씨 속에는 그 식물의 생명이 있어 그 씨가 땅에 묻히면 신기하게도 땅을 뚫고 나와서 뿌리를 내리고 거기서 싹이 납니다.

씨 속에 생명이 있는 것처럼 정자에는 사람의 생명이 있습니다. 그래서 정자와 난자가 정상적으로 결합할 때, 비로소 영혼의 사람이 잉태되기 때문에 절대로 낙태하면 안 됩니다. 정상적으로 잉태된 생명은 영혼입니다. 절대로 죽이면 안 됩니다.

하나님께서 우리를 보실 때 우리가 얼마나 소중한 존재인지 모릅니다. '당신은 사랑받기 위해 태어난 사람'이라는 복음성가도 있듯이, 하나님께서 우리를 이 세상에 태어나게 하셨을 때 우리를 사랑하기 위해서 우리를 만드셨습니다.

그래서 3억 대 1의 엄청난 경쟁률을 뚫고 이 세상에 태어나게 하신 영생하는 존재입니다. 이렇게 아기가 태어나서 세상을 살아가는데 참 우여곡절이 많습니다.

인생은 살면 살수록 짐이 많아지는 것입니다. 어머니의 뱃속에서 태어날 때에는 가볍게 태어나는데 태어나 옷을 입기 시작하면서 짐이 무거워집니다.

처녀가 시집가기 전에는 혼자 몸으로 자기 몸 하나만 지키면 되니까 그렇게 무겁지 않습니다. 그러나 때가 되어 신랑을 만나면 좋은 점도 있지만 그때부터 부부간에 서로 짐이 됩니다.

게다가 아기를 낳으면 더 큰 짐이 되고 아기가 넘어지지 않을까 걱정하고, 시집갈 때가 되면 더 큰 짐이 됩니다. 도대체 인생이라는 것이 어떻게 된 일인지 살면 살수록 짐만 산더미처럼 늘어납니다.

그런데 그렇게 살면서 죄만 잔뜩 짓고, 그 죄를 지면서 늙고 병들고…. 그러다가 결국은 원치 않지만 육체가 다 망가져서 죽게 되는 것입니다.

전도서 3장에 "자기 일에 즐거워하는 것보다 더 나은 것이 없음을 보았나니"(22절)라고 했습니다.

"그러므로 나는 사람이 자기 일에 즐거워하는 것보다 더 나은 것이 없음을 보았나니 이는 그것이 그의 몫이기 때문이라 아, 그의 뒤에 일어날 일이 무엇인지를 보게 하려고 그를 도로 데리고 올 자가 누구이랴"(전 3:22).

인생이 살면서 즐거워야 하는데 결코 즐겁지 않다는 것입니다. 그러다 때가 되면 전부 다 죽음 앞에 무릎을 꿇게 됩니다. 자기가 왜 사는지도 모르고 사는 인생이 온통 수고하고 무거운 짐뿐인 것입니다.

부부가 결혼할 때는 천하를 얻은 것 같고 영생복락할 것 같지만 그것도 잠깐입니다. 특히, 여자들은 시집갈 때에는 면사포 쓰고 예쁜 모습으로 신랑 옆에 서 있지만, 그때부터 자기가 짊어져야 할 짐이 늘어납니다.

아기가 생겨서 배가 불러오면 화장이고 몸가짐이고 신경 쓰기가 어렵습니다. 아기를 낳으면 또 어떻습니까? 머리는 산발을 하고 아기를 돌보다 보면 이젠 늙고 뚱뚱해지고 주름만 늘어나게 됩니다.

그러다 보면 인생이 다 지나가는 것입니다. 그러면 신랑이라도 자기에게 잘해줘야 하는데 그렇지도 않습니다. 남자는 돌아다니면서 볼 것 보고 먹을 것 먹고 다니지만 여자의 인생이란 얼마나 불쌍한지 모릅니다.

예수 안 믿으면 여자처럼 불쌍한 존재가 없습니다. 사람이 죽게 되면 원하든 원하지 않든 영혼이 나와서 천국과 지옥, 둘 중의 하나를 향해서 출발을 해야 합니다.

이 세상에 살면서 죄를 짓게 되면, 어느 영혼이든 다 지옥에 가서 육체가 살면서 저질렀던 모든 죄값을 영혼이 치러야 합니다.

육체는 소멸되면 그만이지만 영혼은 영생하기 때문에, 육체를 가지고 살면서 저질렀던 모든 죄값을 진정한 나인 영혼이 고

스란히 지옥에서 영원한 형벌을 받아야 합니다.

그런가 하면, 이 세상에서 살다가 우리를 죄에서 구원하시려고 희생해주신 예수 그리스도를 믿음으로, 자기가 저지른 죄를 용서받을 수 있는 길이 있다는 사실을 깨닫고 용서받은 영혼들은 죄를 탕감받았기 때문에, 지옥에 가지 않고 천국이라는 곳에 가서 영원히 행복하게 살게 되는 것입니다.

천국에 가서 영생복락을 누려야 합니다.

제가 여러분들을 위해 강의를 하고 이 책을 쓰는 것은, 나중에 이 세상을 떠날 때 지옥에서 영원한 형벌을 받지 말고, 천국에 가서 하나님과 함께 영생복락을 누리게 하기 위해서입니다.

이 모든 문제는 죄에서 옵니다. 이 죄를 불교에서는 '업보'라고 말합니다. 그래서 '어떻게 하면 업보와 업보로부터 오는 문제를 해결받을 수 있을까?' 자나깨나 그것을 깨닫기 위해 힘쓰는 것이 불교입니다.

인간의 생로병사의 원인이 업보, 즉 죄 때문이라는 것을 불교도 인정합니다.

석가모니는 BC 623년 4월 8일에 태어났고, 태어난 지 8일 만에 어머니인 마야 왕비가 세상을 떠났습니다.

그러다 보니 아버지인 정반왕은 왕자가 걱정되었습니다. 그래서 왕자인 석가모니가 인간의 험한 꼴을 보지 않도록, 궁 안에서 금이야 옥이야 보호하며 귀하게 키웠습니다. 시간이 흘러

장성하여 그는 결혼을 하고 아들까지 낳았습니다.

그러던 어느 날, 그가 왕궁 문을 나가다가 아주 쭈글쭈글한 늙은 노인을 보게 되었습니다.

"저 사람은 외모가 왜 저렇게 보기 흉하오?"

석가모니가 신하에게 물었더니 이렇게 대답하였습니다.

"사람이 한평생 살다가 나이를 먹으면 누구나 다 이렇게 늙습니다."

그는 충격을 받았습니다.

다음 문을 나가다가 병든 사람을 보고 또 물었습니다.

"저 사람은 왜 저렇게 고통스러워하오?"

"네, 사람은 살다 보면 병에 걸리게 되어 저런 고통을 겪게 됩니다."

그는 그동안 아버지의 지극한 배려로 궁궐 안에서 인생의 질고와는 담을 쌓고 살아 왔습니다. 오로지 왕이 좋은 것, 아름다운 것만을 보여주었기 때문에 석가모니는 지금까지 그런 광경을 본 적이 없었습니다.

그리고 또 다른 문을 나가는데 이번에는 장례행렬을 보게 되었습니다.

거기서 석가모니는 더할 수 없는 큰 충격을 받게 되었습니다.

'사람이란 무엇인가? 생로병사의 원인을 깨달아야겠다.'

그는 서른 살에 모든 것을 다 버리고 출가했습니다. 그리고 깨닫기 위해서 도를 닦다가 결국 깨달은 것이 사람의 모든 고통은 업보 때문이라는 것이었습니다. 우리 기독교 용어로 죄 때문에 그렇다는 것을 깨달았습니다.

석가모니가 알고 싶은 것은 어떻게 하면 이 업보의 문제를 해결, 즉 어떻게 해탈할 수 있느냐 하는 것이었습니다. 해탈!

그래서 그가 죄에서 벗어나기 위해서 무욕·무심, 이런 마음을 가지고 자식과 가정을 다 버리고, 무욕의 세계·무심의 세계에서 해탈하기 위해서 그렇게 노력을 했지만 결국은 깨닫지 못했습니다.

그가 결국은 나중에 보리수나무 밑에서 세상을 떠나게 되었을 때 제자들이 물었습니다.

"선생님, 깨달으셨습니까?"

"모든 것이 허무하다."

스승은 이 말을 남기고 세상을 떠났습니다.

불교는 '깨달음의 종교'입니다. 그래서 '부처도 중생이고 중생도 깨달으면 부처'라고 금강경에 그렇게 말하고 있습니다.

'틱낫한'이라는 베트남 승려가 인기몰이를 하고 있습니다. 그 분도 결국은 석가모니의 길을 따르는 제자니까 그 길을 따라서, 어떻게 하면 생로병사의 문제로부터 자유로울 수 있는지 석가모니가 걸었던 그 길을 또 걷고 있습니다.

그분이 깨달으면서 무심·무욕, 남을 미워하지 말고 사랑하라고 합니다. 그러나 본인은 어느 정도 될지 모르지만 이 세상을 사는 사람들은 결혼도 해야 하고, 밥벌이도 해야 하며 살아야 되기 때문에 그 스님처럼 살 수가 없는 것이 현실입니다.

우리나라 사람들의 성직자에 대한 인기조사 결과 신부가 제일 성직자 같고, 그다음이 승려, 그다음이 목사로 나왔습니다. 그러나 이건 정말 어처구니없는 결과입니다.

그전에 정다운 스님이 '자녀를 훌륭하게 키우는 법'이라는 책을 발간하여 신문에 광고를 냈는데, 어떤 분이 '아이를 낳아 키워본 경험도 없는 사람이 어떻게 자녀를 훌륭하게 키우는 법이라는 책을 쓸 수 있느냐'고 하는 반박문을 올렸습니다.

이 이야기를 하는 이유는 신부나 승려는 결혼을 하지 않습니다. 그런 신부나 승려가 이 세상에 살아가면서 생기는 부부와 가족과 자녀 간의 복잡한 삶을 어떻게 이해할 수 있겠습니까?

그러나 목사는 세상 사람처럼 결혼해서 자식 낳고 똑같은 환경에 살면서, 성직자로서의 구별된 삶을 살기 위해서 얼마나 노력하는지 모릅니다.

신부들은 술을 마시고 담배도 피우지만 목사들은 절대로 하지 않습니다. 할 줄 몰라서 안하는 것이 아니고 세상 사람과 똑같은 여건하에서 살면서 성직자로서의 경건을 지키는 것입니다.

그러기 위해서 목사들은 피나는 기도를 드리면서 거룩하게 살려고 노력하는 것입니다. 인간의 능력으로는 부족하기 때문에 자기를 쳐서 복종시키려고 금식하고 부르짖는 것입니다. 그러니 목사야말로 거룩한 삶을 사는 성직자 중에서 가장 훌륭한 사람입니다.

생로병사의 원인을 불교에서는 업보인 것까지는 아는데, 무슨 죄 때문에 인간이 이렇게 늙고, 병들어 고통당하며, 죽는지를 모릅니다.

이들은 죄목을 모르고 죄의 문제를 해결하지 못하기 때문에, 결국은 '죽어서 돈다.'라며 윤회를 말하는 것입니다.

그런데 윤회사상은 석가모니가 만든 것이 아닙니다. 석가모니는 '허무하다. 모든 것은 무다.'라고 말하고 세상을 떠났습니다.

석가모니를 따르는 제자들이 그 불교의 교리를 만들어야 하는데, '죽으면 모든 것이 끝'이라고 하면 종교적인 의미가 없으니까 만들어낸 교리가 바로 윤회설입니다.

석가모니는 단지 중생들은 생로병사의 원인을 알기 위해서 깨달아야 된다고 하면서, 세 가지 못하는 일이 있다고 하였습니다.

첫째가 무연중생 제도불능, 그다음이 업보중생 제도불능, 마지막이 삼세중생 제도불능을 말했습니다.

'무연중생 제도불능'은 자기가 아무리 그 사람을 계도하고 싶어도, 자기와 인연이 닿지 않으면 절대로 그 사람을 제도할 수가 없다는 것으로 인연설을 말합니다.

'업보중생 제도불능'은 절대로 사람을 죄에서 구원할 수 없다는 것입니다.

'삼세중생 제도불능'은 사람은 절대로 과거와 현재와 미래의 삼세를 구원할 수 없다는 것으로, 이것이 바로 석가모니가 말한 세 가지 제도불능입니다.

윤회는 종교를 연속시키기 위해서 만들어 낸 것으로, 윤회설은 불교인들이 다시 태어나면 자기가 살면서 저질렀던 업보의 양에 따라서 짐승으로 태어난다는 것입니다.

그런데 그 짐승 중에서 제일 태어나기 어려운 짐승이 바로 개입니다. 그래서 불교 믿는 사람은 개로 환생하는 것을 최고의 영광으로 알고 개고기를 먹지 않으려고 하는 것입니다.

우리 교회에 가수 출신의 권사가 있는데 전에는 아주 신실한 불교신자였습니다.

남편인 유 집사가 교회에 같이 다니자고 하면 "내가 이혼하면 했지 교회는 안 나간다."며 완강하게 버텼습니다.

그래서 남편이 지혜를 짜서 보신탕을 잘하는 집에 데리고 가서 개고기라는 말을 해주지 않고 맛있게 먹게 한 후, "당신이 먹은 것이 개고기야."라는 소리에 그만 무너져서 그때부터 교회에 나오기 시작한 것입니다.

이만큼 불교신자들은 개로 환생하는 것에 대해서 영광 중의 영광으로 생각합니다. 다시 사람으로 태어난다는 것은 거짓입니다.

1993년도에 해인사에 입적한 성철 스님은 50년 동안 도를 닦으신 분으로 이분은 진짜 승려입니다.

진짜 불교의 도를 깨닫기 위해서 수행하는 중을 이판이라 하고, 사판은 49재(齋)나 100일 기도에 목탁 쳐주고 돈 받는 사이비 중을 말합니다.

성철 스님도 가족이 있지만 석가모니처럼 깨달음을 위해 아내와 딸을 버리고 출가한 분입니다. 합천 해인사 백련암에서 석가모니처럼 생로병사의 원인인 업보의 문제·해탈·중생, 이 문제들을 해결하기 위해서 그분이 얼마나 많은 수행을 했는지 모릅니다.

그분은 10년 동안 장좌불와, 즉 잘 때도 눕지 않고 앉아서 자는 고행을 했습니다.

'어떻게 하면 무심·무욕·죄의 문제로부터 자유로울 수 있을까? 해탈할 수 있을까?'

그 일념으로 참선하며 고행을 했습니다.

그다음에 20년 동안 음식을 불에 익혀 먹는 화식이 아닌 생채식을 하셨습니다.

어떤 음식을 먹느냐에 따라서 성품에 영향을 끼친다는 것을 알고 생채식을 하신 것입니다. 실제로 사람이 어떤 음식을 먹느냐에 따라서 성품과 관련이 있습니다.

우리나라 사람들은 오랫동안 채소류만 먹고 살아서 유순한 백의민족이고, 그런가 하면 이탈리아나 남미계 사람들은 육류를 주로 먹어서 공격적인 성향이 강합니다. 그래서 축구경기를 보다가 서로 싸우고 총으로 사람을 죽이기도 합니다.

요즘 아이들은 난폭합니다. 학교폭력도 보통 문제가 아닙니다. 아기를 낳으면 예전에는 거의 모유를 먹였는데 요즘 어머니들이 거의 우유를 먹입니다. 우유를 먹이니까 그 소의 성질이 육체 속에 들어간 것입니다.

그래서 되도록 좋은 음식, 부드러운 음식을 많이 먹어야 됩니다. 고기를 많이 먹는 사람은 아무래도 성격이 다혈질로 변할 수밖에 없습니다. 고기는 적당히 먹고 채소와 과일을 많이 먹으면 성격을 조절할 수 있습니다.

성철 스님은 20년 동안 성품·죄성·혈기 등을 다스리기 위해 채식만 한 것입니다.

그다음 30년 동안, 이분은 가사장삼 한 벌만 입고 살았습니다. 불교계에서는 그 사람이 입은 가사장삼의 해진 정도와 얼마나 많이 기워 입었느냐에 따라 그 사람이 고승이냐, 아니냐를 판단한다고 합니다.

일반적으로 사람은 옷에 욕심이 있는데 이분은 이런 욕심을 없애기 위해서 가사장삼을 30년 동안 한 벌만 입고 무욕의 생활을 하였습니다.

그리고 50년 동안 딱 한 개의 이쑤시개를 사용했답니다. 그러면 왜 이분이 이렇게 50년 동안 고행을 했겠습니까?

불교는 자력종교입니다. 다시 말하면 자기의 노력으로 어떠한 경지에 도달해 보겠다는 것입니다.

세상의 종교는 자기의 고행, 자기의 노력, 자기의 수행으로 원하는 도에 도달하려는 자력종교입니다. 자기의 고행이 들어가야 됩니다.

우리나라에서도 '지성이면 감천'이라고 자기가 지성을 들여야 하늘이 감동한다고 말하는데, 바로 이것도 다 자력종교입니다.

기독교는 타력종교, 곧 '은혜의 신앙'입니다.

우리 기독교는 굳이 종교라는 말을 쓰면 타력종교입니다. 쉽게 말하면 우리 기독교는 나의 고행이 아니고, 다른 분의 고행을 통해서 내가 구원에 이르는 타력신앙입니다. 이것을 기독교적인 용어로 '은혜의 신앙'이라고 합니다.

세상에 수많은 종교가 있지만 기독교만 타력종교이고 나머지 종교는 다 자력종교입니다.

불교는 자력종교로서 고행의 극치입니다. 아무리 고행을 했어도 성철 스님이 입적하면서 남긴 유명한 마지막 말은 이러했습니다.

"내가 한평생 수많은 사람을 속여 내 죄업이 하늘에 가득 차 저 수미산보다 더하다. 내가 이제 무간 지옥에 떨어지는도다."

이것은 불교계에 유명한 말입니다.

인간적으로는 석가모니나 성철 스님 같은 훌륭한 승려들을 존경합니다. 그분들은 어쨌든 육체적으로 거룩하게 살기 위해 노력한 분들이니까 인간적으로는 존경하지만 불쌍한 것은 어쩔 수 없습니다.

그들이 그런다고 해서 자기의 힘으로 인간의 죄를 용서받을 수는 없기 때문에 영적으로는 불쌍합니다. 불교를 나쁘다고 말하는 것이 아닙니다. 진정한 불교인들은 세상을 거룩하게 살려고, 죄를 짓지 않으려고 많은 노력을 합니다.

그러나 중요한 것은 그 종교가 구원을 하지 못하기 때문에 안타까운 것입니다. 게다가 그분들은 이런 사실들을 모르기 때문에 그렇게 고행을 하면서도 죄의 문제를 해결하지도 못하고, 그 죄를 안고 살다가 죽어서 지옥에 갈 수밖에 없는 것이 안타까운 것입니다.

정화수를 떠 놓고 빌었던 분이 기독교에 들어오면 신앙생활을 참 잘합니다. 알지도 못하는 것에게 새벽마다 목욕재계하고 물 떠놓고 빌었는데, 하나님을 믿고 나니까 얼마나 신앙생활을 잘하는지 모릅니다. 그분들에게 종교심이 있기 때문입니다.

그분들은 항상 하나님을 그리워하며, '도대체 진리가 어디 있는지? 하나님이 어디 있는지?' 간절히 찾고 그리워하다가 하나님을 만나게 되니까, 그 종교심이 발동해서 신앙생활을 얼마나 잘하는지 모릅니다.

사람이 죽을 때는 거짓말을 하지 않습니다. 석가모니도 죽을 때 제자들의 물음에 '허무하다.'고 했습니다.

사람이 죽을 때는 진실을 말합니다. 성철 스님을 만나길 원하는 사람은 백련암에 가서 3천 배를 해야 했는데, 아무나 만나게 해주면 도를 닦을 시간에 방해를 받으므로 아마 만나는 시간을 자제하려고 했던 것 같고, 자기의 본의는 아니더라도 그렇게 했던 것들이 다른 사람들의 눈에는 성불처럼 보였기 때문에 그 사람의 말 한마디는 석가모니의 말이라고 생각할 수밖에 없었던 것입니다.

'수미산'은 불교에서 오르지 못하는 산으로 높이가 약 112만 km의 상징적인 산을 말합니다.

그런데 성철 스님이 고백하기를, '내 죄업의 양이 저 수미산보다 더하다.'고 마지막 고백을 하면서, '내가 이제 무간지옥에 떨어지는구나.'라고 했습니다.

그랬더니 불교인들이 그 말을 듣고 "성철 스님은 역시 훌륭한 분이시다. 그분이 죽어서도 무간지옥에 가서 중생을 구원하려고 그러는구나."라고 해석하였습니다.

그러나 사람은 죽을 때 진실만을 말합니다. 그분이 그만큼 진리를 찾기 위해 노력한 분이기 때문에, 세상을 떠날 때 진실한 말을 할 수 있었던 것입니다.

가족을 버리고 50년 동안 출가해서 산 속에 묻혀 수행을 했는데 아무것도 깨닫지 못하고 세상을 떠나니 얼마나 허무했겠습니까?

인간의 노력으로는 어떠한 고행으로도 절대로 죄의 문제, 업보의 문제를 해결할 수 없습니다.

하나님만이 인간의 죄를 용서하실 수 있습니다.

'선악과를 따먹지 말라. 먹는 날은 정녕 죽으리라.'고 하신 하나님의 말씀을, 인류의 조상인 아담이 어긴 것이 죄이기 때문에, 인간들의 죄는 오직 하나님만이 용서하실 수 있습니다.

그래서 하나님께서 독생자 예수를 이 세상에 보내시고, 예수 그리스도에게 인간들의 죄를 다 전가시켜서 인간 대신 모든 형벌과 고통을 받게 하면서 죄의 대가를 치르게 하셨습니다.

그러면서 하나님께서 우리들에게 '너희들은 이 사실을 믿기만 하여라. 그러면 너희들은 죄에서 사함받을 수 있다.'고 하셨습니다. 인간들이 죄의 고통을 받아야 되는 것을 하나님의 아들이 오셔서 대신 받으신 것입니다. 그래서 기독교를 '타력종교', 또는 '은혜의 종교'라고 말하는 것입니다.

마치 우리가 태어날 때 아기가 고통을 받고 태어나는 것이 아니라, 어머니가 고통을 겪으면서 아기를 출산하는 것과 같습니다. 만일, 아기가 태어날 때 어머니의 산고만큼 고통을 겪는다면 이 세상에 살아서 태어날 아기는 거의 없을 것입니다.

아기를 낳을 때 얼마나 힘들었습니까? 10달 동안 배에 가졌다가 자연분만할 때 5분 동안 죽을 만큼 아프다가 조금 지나면 거짓말처럼 아무렇지도 않아 몸 추스르고, 또 5분 동안 기막히게 아프다가 또 거짓말처럼 말짱합니다.

그러다 나중에 기진맥진할 때 신기하게도 그 때 힘이 주어지는데, 그 힘은 내가 주는 게 아니라 어떤 초자연적인, 불가사의한 힘이 마지막 순간에 주어지면서 아기를 출산하는 것입니다.

그래서 어머니의 은혜라고 말하는 것입니다. 요즘 어버이의 날이라고 행사를 하지만 원래는 어머니의 날이었는데 아버지가 불쌍해서 끼워준 것입니다.

6·25전쟁 중에 이런 일이 있었답니다.

한 가정이 아이들을 데리고 피난을 가는데 갑자기 폭탄이 터지니까 어머니는 본능적으로 아기를 안고 땅에 엎드렸습니다.

그런데 조금 지나 눈을 떠서 남편을 찾으니 저기서 머리를 긁적이며 오더랍니다.

폭탄이 터지니까 어머니는 본능적으로 자기가 죽더라도 아기를 살리기 위해 안고 엎드렸는데, 아버지는 자기만 살려고 본능적으로 도망간 것입니다.

요즘도 아기가 자지 않고 칭얼거리면 어머니는 잠결에도 젖을 물리고 토닥거리는데, 아버지는 시끄럽다며 등을 돌리는 아버지들도 있습니다.

예수 그리스도가 우리를 대신해 죽어 주셨습니다.

하나님의 말씀을 어긴 인간은 하나님만이 용서를 하실 수 있습니다. 그런데 하나님이 인간을 용서하시기로 작정하시고 인간을 사랑하셨기 때문에 하나님이 대신 죽을 수 있는 육체적인 모습으로 오신 분이 예수 그리스도입니다.

그분이 대신 죽어주셨고 우리들에게 그 사실을 믿기만 하라고 하셨습니다. 그래서 은혜의 신앙이라고 말하는 것입니다. 할렐루야!

믿기만 하면 됩니다.

예수님을 믿지 않으면 하나님의 말씀을 어긴 영의 죄와, 살면서 저질렀던 모든 죄의 형벌을 그의 영혼이 지옥에서 영원히 형벌을 받아야 합니다. 그러나 우리의 모든 죄를 대신 짊어지신 예수 그리스도를 믿기만 하면 모든 죄를 용서받기 때문에 죄가 없습니다. 그러면 영혼이 떠났을 때 죄 없는 천국에 가서 하나님과 함께 영원히 살 수 있는 축복을 누리게 되는 것입니다. 그래서 은혜의 신앙입니다.

어떤 믿지 않는 사람에게,

"당신 죽으면 지옥에 갑니다."

라고 했더니 되묻는 것이었습니다.

"지옥이 어떤 곳입니까?"

"지옥을 쉽게 표현하면 불구덩이입니다."

"그럼 지옥 가지요, 뭐~."

어이가 없어서 다시 물었습니다.

"왜 지옥에 가려고 합니까?"

"나 혼자 지옥 가는 것도 아니고, 여러 사람이 같이 갈 텐데 심심하지도 않고, 지옥불이 아무리 뜨거워도 처음에 들어갈 때나 뜨겁지, 지내다 보면 견딜 만하지 않겠소?"

하는 것이었습니다. 시골의 재래식 화장실에 들어가면 냄새가 많이 나서 처음에는 코를 막고 일을 보는데, 시간이 얼마 지나고 나면 코가 무감각해져 신문도 읽고 참을 만합니다. 이 사람은 그런 것처럼 '지옥에 처음 들어가면 뜨거워도 우리 몸이 곧 적응해서 견딜 수 있겠지.'라고 생각한 것입니다.

영은 변하지 않지만 육체는 변합니다. 육체의 고통이나 기쁨은 시간이 지나면 좀 줄어듭니다. 육체는 세월 속에 있기 때문에 그렇습니다.

그러나 영이라는 것은 영원해서 변하지 않습니다. 지옥이나 천국을 가는 것은 영혼입니다.

이 세상의 모든 사람들은 마지막 심판날에 부활한 몸으로 하나님 앞에 서는데, 부활이란 몸이 다시 사는 것이요, 그 몸은 흙으로 만든 몸이 아니고 영체로서 영원히 변하지 않는 몸인 것입니다. 모든 영혼이 영체로 부활하는 이유는 그 몸으로 천국과 지옥을 느끼게 하기 위함입니다. 영체는 절대로 변하지 않습니다.

그렇기 때문에 믿지 않는 영혼이 지옥을 가게 되면 처음의 뜨거움이 시간이 지나더라도 줄어들지 않고 영원토록 그 고통이 계속되는 반면, 영혼이 구원받아 죄 용서받고 하나님의 뜻대로 살다 천국에 가게 되면 처음의 기쁨과 행복이 영원토록 계속됩니다. 이것이 천국과 지옥의 영원한 삶의 모습들입니다.

예수만 믿으면 천국 갈 수 있습니다. 그분은 그래도 믿지 않겠다고 해서 '당신은 참 어리석은 사람'이라고 말해 주었습니다.

천국과 지옥이 있고 없고 하는 것은 50%의 확률입니다. 하지만 혹시 있을지도 모르는 0.00001%의 가능성만을 생각하고 믿더라도 어차피 죽어서 천국을 가는데, 왜 천국과 지옥이 100% 없다고 고집을 부려 지옥에 가려고 하는지 안타깝기만 합니다.

"천지와 만물이 다 이루어지니라 하나님이 그가 하시던 일을 일곱째 날에 마치시니 그가 하시던 모든 일을 그치고 일곱째 날에 안식하시니라 하나님이 그 일곱째 날을 복되게 하사 거룩하게 하셨으니 이는 하나님이 그 창조하시며 만드시던 모든 일을 마치시고 그 날에 안식하셨음이니라 이것이 천지가 창조될 때에 하늘과 땅

의 내력이니 여호와 하나님이 땅과 하늘을 만드시던 날에 여호와 하나님이 땅에 비를 내리지 아니하셨고 땅을 갈 사람도 없었으므로 들에는 초목이 아직 없었고 밭에는 채소가 나지 아니하였으며 안개만 땅에서 올라와 온 지면을 적셨더라 여호와 하나님이 땅의 흙으로 사람을 지으시고 생기를 그 코에 불어넣으시니 사람이 생령이 되니라 여호와 하나님이 동방의 에덴에 동산을 창설하시고 그 지으신 사람을 거기 두시니라 여호와 하나님이 그 땅에서 보기에 아름답고 먹기에 좋은 나무가 나게 하시니 동산 가운데에는 생명 나무와 선악을 알게 하는 나무도 있더라"(창 2:1~9).

하나님이 우리를 사랑하셔서 우리를 만드실 때 하나님의 형상과 모양대로 만드셨습니다. 그리고 생기를 불어넣어 영원히 살게 해주셨는데, 왜 하나님을 대적하고 거역해서 지옥에 가려고 합니까?

살리는 것은 영이고 육은 무익하다고 했습니다. 육체를 무시하는 것이 아니고 하나님께서는 육체를 필요로 하지 않는다는 뜻입니다. 나중에는 영만 건지신다는 것입니다. 이것이 하나님의 뜻입니다.

우리가 예수를 믿으면 사라지지 않습니다. 온 가족이 다 함께 천국에 가서 영원히 살 수 있습니다. 그런 소망을 가지고 예수님께서 왜 '살리는 것은 영'이라고 말씀하셨는지, 그분의 뜻을 이해하고, 이 순간부터 예수님을 믿고 천국에서 영원히 사는 여러분이 되시기 바랍니다.

4. 성경은 살아 계신 하나님의 말씀

"하나님의 말씀은 살아 있고 활력이 있어 좌우에 날선 어떤 검보다도 예리하여 혼과 영과 및 관절과 골수를 찔러 쪼개기까지 하며 또 마음의 생각과 뜻을 판단하나니 지으신 것이 하나도 그 앞에 나타나지 않음이 없고 우리의 결산을 받으실 이의 눈앞에 만물이 벌거벗은 것같이 드러나느니라"(히 4:12~13).

하나님은 '말씀'입니다. 하나님은 피조세계에 당신의 뜻과 계획·생각 등을 말씀에 담아 우리 인간들에게 주셨습니다.

하나님의 말씀을 우리에게 담아주신 책이 바로 성경입니다. 성경은 영어로 'Bible'이라고 합니다. 성경만큼 인류 역사 속에서 많이 팔린 책은 없습니다. 그래서 성경을 '영원한 베스트셀러'라고 합니다.

예수를 안 믿는 집안도 찾아보면 어느 구석에 있든지 성경 한 권 정도는 가지고 있습니다. 집집마다 성경 한두 권씩은 찾아보면 어딘가에 숨어 있을 정도로 많은 사람들에게 들려졌지만, 그런가 하면 이 성경만큼 안 읽혀지는 책도 없습니다.

성도들 중에서도 성경 전체를 한 번이라도 읽어 보신 분들이 그리 많지 않은 실정입니다. 어느 집이나 성경을 한두 권씩은 갖고 있지만, 다 읽어 보신 분은 손으로 꼽을 정도밖에 되지 않습니다.

다시 말하면, 이렇게 많은 사람들이 성경을 가지고 있음에도 불구하고, 많은 사람들이 성경을 읽지 않는다는 증거입니다.

성경에는 하나님의 생각과 계획이 담겨 있습니다.

성경을 읽지 않기 때문에 하나님의 생각과 뜻이 무엇인지, 하나님이 무엇을 하시려는 것인지 도무지 알 수가 없는 것입니다.

하나님은 성경에 당신의 생각과 계획 등을 담아 읽으라고 주셨습니다. 그런데 우리가 성경을 안 읽기 때문에 하나님이 무슨 생각을 갖고 계신지, 하나님이 계신지, 안 계신지 경험이 안 되는 것입니다.

하나님의 말씀인 성경을 우리는 구약과 신약으로 구분합니다. 구약은 The Old Testament라고 하며, 신약은 The New

Testament라고 합니다.

구약은 첫 번째 언약이라는 뜻이며, 신약은 새 언약이라고 합니다. 하나님께서는 자신의 뜻과 생각·계획을 성경에 담아서 우리에게 주셨습니다.

놀랍게도, 신·구약 성경은 지금까지 한 번도 변한 적이 없습니다. 문화가 바뀌고, 문명이 바뀌고 모든 것이 다 변해도 신·구약 성경은 바뀐 적이 없습니다.

왜냐하면 이 성경은 영원토록 변함없으신 하나님께서 인간들에게 주신 하나님의 뜻·계획과 생각이므로 그 말씀이 변하지 않는 것입니다.

첫 언약과 새 언약으로 이루어진 성경의 공통분모는 언약입니다. 언약은 말씀의 약속입니다. 약속은 왜 합니까? 지키려고 합니다.

그러나 꼭 지켜야 한다는 부담이 있으니까 힘든 것입니다. 그러나 엄밀히 말하면 약속은 지키려고 하는 것이 아니라 만나려고 하는 것입니다.

사람과 사람이 약속을 하는 이유는 만남이 목적입니다. 경험하기 위해서 하는 것입니다. 하나님께서 인간들에게 첫 언약, 새 언약을 주셨습니다.

왜 주셨을까요?

하나님께서는 만나주시기 위해서 인간들에게 첫 언약과 새 언약을 말씀으로 약속하신 것입니다.

인간들이 하나님을 만나기 위해서는, 말씀을 주신 하나님의 약속을 믿고 순종하면 말씀하신 하나님을 만나는 것입니다.

쉽게 설명하면 '예수를 믿어라.' 하는 것은 예수님을 만나는 것, 그리고 그분과 함께 천국에서의 만남을 통해서 영원히 사는 것입니다.

하나님께서 인간들에게 약속이라는 말씀을 성경을 통해서 주신 것은 그 하나님의 약속을 믿고 순종하는 자들을 만나주시기 위해서입니다.

그러므로 성경을 대할 때에 다른 눈으로 성경을 대하지 말고, '아, 이것은 하나님께서 우리를 만나주시기 위해서 주신 약속이구나.' 하고 생각하면 됩니다.

어떤 사람들은 성경을 연구하려고 하는데 성경은 연구의 대상이 아닙니다. 하나님이 우리를 만나기 위해 약속을 주셨는데 그 약속이 어려우면 되겠습니까?

성경은 연구하는 것이 아니라 여러분들이 성경을 하나님의 약속으로 믿고, '아하, 하나님이 이렇게 나에게 약속하셨구나!' 하고 받아들이면 되는 것입니다.

성경은 구약 39권, 신약 27권, 총 66권

성경은 구약 39권, 신약 27권 총 66권으로 되어 있습니다. 하나님께서 이 약속의 말씀을 통해서 우리를 만나 주십니다.

성경에 보면, 많은 국가와 민족들이 나오는데, 그 많은 사람들이 하나님을 만난 경험을 기록해 놓은 것이 성경입니다. 다시 말하면, 하나님을 만난 사람들의 간증을 기록해 놓은 책입니다.

성경의 창세기를 읽으면 하나님께서 아담에게,

"아담아, 너는 동산에 있는 나무 실과는 임의로 먹되 선악을 알게 하는 나무 실과는 따먹지 말라. 먹는 날에는 정녕 죽으리라."

고 하신 약속이 나옵니다.

그런데 아담이 그 선악과라는 나무의 실과를 따 먹음으로써 말씀에 불순종하여, 그가 죄인이 되었고 에덴동산에서 쫓겨나게 되었습니다.

'아하, 아담이 에덴동산에서 하나님을 만났고 말씀을 지킬 때에는 에덴동산에 살았지만, 그 말씀을 거역했을 때 쫓겨났고 그때부터 저주를 받게 되었구나.'

이렇게 성경을 읽어 나가면 되는 것입니다. 그것에 대하여 연구하고 분석할 필요가 없는 것입니다.

그다음 장을 보면, 가인과 아벨의 이야기가 나옵니다.

아담이 쫓겨나서 가인과 아벨을 낳았습니다.

하나님께서 가인과 아벨에게 제사를 지내라고 하시자, 가인은 자신이 정성스럽게 지은 농산물을 가지고 갔고, 아벨은 자신이 기르던 양의 새끼를 가지고 갔습니다.

그런데 하나님께서 가인의 제사는 받지 않고 아벨의 제사만을 받으셨습니다. 가인과 아벨이 만난 하나님, 가인은 실패했고 아벨은 성공한 이야기입니다.

창세기 6장 이상을 넘어가면, 하나님께서 노아에게 하신 약속이 나옵니다.

"노아야, 내가 이 세상을 물로 심판할 것이니 너 지금부터 내 말을 들어라. 지금부터 산에 올라가서 잣나무를 베어다가 이 만저만한 큰 배를 지어라. 그러면 내가 이제 하늘에서 비를 내릴 것이다. 방주, 즉 배 안에 들어오는 사람은 살 것이고 들어오지 못하는 것은 사람이든 생명 있는 것이든 다 죽을 것이다."

노아는 그 약속을 믿고 순종했습니다. 날씨가 쨍쨍하게 맑아도 순종했습니다. 하나님의 약속이기 때문입니다.

방주를 짓는 데 80년 이상이 걸렸지만 노아는 하나님의 약속을 믿고 끝까지 지었습니다. 잣나무를 베어다 방주를 지었더니 어느 날, 하늘에 구멍이 뚫리고 비가 쏟아지기 시작하였습니다. 40주 40야를 비가 쏟아지더니 온 천하가 잠기고 방주 속에 들어온 노아의 가족 8명만이 살게 되었습니다.

이런 식으로 하나님의 약속을 받고 약속에 순종한 사람들의 결과와 순종하지 않은 사람들의 결과, 그 간증들이 계속 연결되는 것이 성경입니다. 여러분들은 '아하, 그랬었구나!' 하고 받아들이기만 하면 되는 것입니다.

성경을 다른 눈으로, 어려운 눈으로 보지 마시기 바랍니다. 하나님께서 우리같이 모자라고 미련한 인간들에게 어려운 숙제를 내주실 리가 없습니다.

하나님께서는 우리 인간들이 누구나 알아들을 수 있도록, 쉽게 성경 속에 당신의 뜻과 생각을 담아 놓으셨습니다.

성경을 편안한 마음으로 대하시기 바랍니다. 하나님의 약속을 믿고 순종하면 말씀하신 하나님을 만납니다. 만남이 중요한 것입니다.

교회에 다니다가 중간에 실족하여 안 다니는 사람들이 굉장히 많습니다. 전도를 해 보면, 전에 주일학교 · 학생회 · 철야 예배까지 다니다가, 지금은 안 다닌다는 사람이 많습니다.

그 사람들이 왜 그런 경험을 하는 것입니까? 왜냐하면 예수를 믿으면서, 하나님을 믿으면서 만나본 경험이 없기 때문입니다. 그래서 그들이 신앙을 버리고, 교회를 떠나고, 실패하는 일들이 생기는 것입니다. 생각은 왔다갔다 하지만 경험은 바꿀 수가 없습니다. 경험은 흔적이기 때문입니다.

기독교는 경험의 종교입니다.

하나님은 살아 계시기 때문에 우리는 반드시 그 하나님을 경험해야 합니다. 만남이 중요합니다. 만남이 없으면 확신이 들지 않습니다. 머릿속에만 있으면 언제든지 바뀔 수 있습니다.

만남이 얼마나 중요한지 아십니까?

한 남자와 여자가 서로 만나자마자 남자가 미국으로 유학을 갔습니다. 이 남자는 여자가 너무 마음에 들어서 하루에 한 번씩 편지를 쓰게 되었습니다.

어느 날, 여자가 결혼한다는 이야기가 나왔습니다. 이 남자와 여자의 관계를 아는 많은 사람들이 당연히 그 남자하고 결혼한다고 생각했지만, 결혼식장에 가 보니 신랑자리에 엉뚱한 사람이 서 있는 게 아닙니까?

당황한 친구들이,

“저 사람은 도대체 누구지요?”

하고 물으니까 우체부라는 것이었습니다.

우체부가 그 남자의 편지를 매일 전달하며 여자를 만나다 보니, 우체부와 정이 들어 결혼하게 된 것입니다. 물론 이 얘기는 제가 꾸며낸 것이지만 만남이 이렇게 중요함을 재밌게 깨달을 수 있습니다.

그렇다면 우리는 왜 만남에 대해 오해를 하고 있을까요? 그것은 언어의 차이 때문입니다.

우리는 ‘안다’라고 할 때, “성도님, 우리나라의 대통령이 누구인지 압니까?”라고 물으면 “박근혜요.” 하고 대답합니다.

그러면 “대통령은 성도님을 알까요?” 하고 물으면 아마도 모른다고 대답할 것입니다.

왜 모를까요? 만나본 적이 없기 때문입니다. 이렇듯 언어에는 큰 차이가 있습니다.

우리는 안다고 할 때, 자기 생각 속에서 알면 안다고 합니다. 그러나 히브리 언어권과 헬라 언어권에서는 만난 경험으로 아느냐고 묻는 것입니다.

성경에서 “영생은 유일하신 참 하나님과 그의 보내신 자 예수 그리스도를 아는 것이니라.”고 요한복음 17장 3절에 말씀하셨습니다.

이를 우리 언어문화 식대로 들으면, 알기만 하면 영생을 얻는 것 같으나 히브리 언어와 헬라 언어권에서는 언어문화가 관념으로만 아는 것이 아니라, 경험했느냐까지를 아느냐고 묻는 것입니다.

그래서 여기에서 오해가 생기는 것입니다. 언어와 문화는 나라마다 다를 수가 있습니다. 그래서 말 때문에 싸움도 나고 외교적 분쟁과 오해도 생기게 되는 것입니다.

지금 분명히 우리는 대통령이 누군지 알고 있습니다. 이것은 우리 식으로 안다고 하는 것입니다. 거꾸로 대통령이 당신을 아느냐고 할 때는 "모릅니다."라고 이야기합니다.

어떻게 '안다'는 단어는 똑같은데 자신만 알고 대통령은 모른다는 것입니까? 여기서 차이가 납니다.

바로 경험의 문제입니다.

만일 성도가 대통령이 되기 전에 다방에서라도 대통령을 만나본 적이 있을 때에는 "대통령을 압니까?" 하고 물으면, 대뜸 몇 년 몇 월 며칠에 무슨 다방에서 만난 적이 있지 않았냐고 말할 것입니다. 그러면 기억할 것입니다.

경험이 중요한 것입니다.

이스라엘에서 부부가 지나가는데 부인을 우리 식으로 안다고 해서 "나, 저 여자 압니다."라고 하면 그 여자의 남편에게 봉변을 당할 수도 있습니다. 그 나라에서 안다고 하는 것은 관계와 경험까지를 포함하기 때문입니다.

'안다'라는 말의 개념에 차이가 있습니다. 만나서 알고 있는

냐, 만난 경험을 가지고 있느냐, 이것에서 차이가 나는 것입니다.

우리가 우리 식대로 관념적으로 '안다'라고 생각하니까, 예수를 알면 구원받았다고 생각하고, 알면 영생한다고 생각하는데 그렇지 않습니다. 혼자만 아는 것입니다.

"나는 예수를 압니다. 예수는 하나님의 아들 아닙니까? 예수는 나를 구원하신 분 아닙니까?"

그렇다면,

"예수는 당신을 압니까?"

이렇게 되물어 볼 때, 안다고 한 사람이 분명히 예수를 만났고 하나님을 만나 본 경험이 있으면 그 사람은,

"하나님은 분명히 날 아실 것입니다."

이렇게 대답할 수 있을 것입니다.

그러나 만나본 경험이 없는 사람은,

"글쎄요. 나는 아는데 그분이 날 아실는진 그분한테 물어봐야지요."

하면 곤란해지는 것입니다.

성경에 수많은 사람이 등장하는데 다 하나님을 만난 사람, 하나님을 만난 민족과 만나지 못한 민족이 나옵니다.

성경은 시간과 공간을 초월합니다. 성경은 역사적으로, 시간적으로 그때 하신 말씀일지라도 하나님의 말씀은 어제나 오늘이나 영원토록 동일하기 때문에 그것이 바로 내게 하신 말씀입

니다.

사람의 말은 거리가 멀어지면 안 들리고 세월이 지나면 잊혀질 수도 있습니다. 사람 자체가 변하는 물질이기 때문입니다.

그러나 하나님은 영이십니다. 영은 변하지 않고 영원하기 때문에, 하나님이 하신 말씀은 변하지 않습니다.

그래서 2천 년 전에 이 땅에 오셔서 피 흘려 죽어 주신 예수 그리스도를 믿느냐고 했을 때, 그 예수의 이름을 믿고 순종하면 구원을 받습니다.

분명히 예수님은 2천 년 전에 오셨습니다. 그러나 그분은 어제나 오늘이나 영원토록 동일하신 분입니다. 그때 흘리신 그 피가 우리를 죄에서 구원했는데 그 피는 영입니다.

영원한 피이기 때문에 그 피가 지금도 우리에게 유효해서 죄에서 구원하게 되는 것입니다.

하나님의 말씀과 인간의 말을 구분해야 합니다. 우리는 자꾸 우리 입장에서 생각하기 때문에 문제가 생기는 것입니다.

성경은 하나님이 하신 일들의 기록입니다.

성경은 내 생각과 뜻·계획을 기록한 것이 아니라, 영원하신 하나님의 뜻과 생각과 계획을 우리에게 알려주신 것입니다.

더 중요한 것은 하나님이 하신 일들을 기록한 책이 성경이라는 것입니다. 내가 한 일이 아니고 하나님이 하신 일들을 기록한 책입니다.

하나님은 천지만물을 지으신 분입니다. 창세기 1장 1절에 "태초에 하나님이 천지를 창조하셨느니라." 하면서 우리에게 당신을 소개하고 있습니다.

내가 태초에 천지만물을 지었다고, 당신이 하신 일을 말씀으로 알려주시고 있습니다.

우리는 누가 이 세상을 만들었는지 전혀 모르고 있다가 성경을 읽으면서 '아하, 하나님이 이 천지만물을 지으셨구나!' 하고 받아들이면 되는 것입니다.

이것에 대하여 따질 필요가 없습니다. 성경이 누가 한 일을 기록한 것인지 모르는 사람이 따지는 것이지, 이 성경이 전능하신 하나님이 하신 일을 기록한 책인 것을 알고 읽게 되면, '아하, 그랬었구나!' 하고 읽을 것입니다. 그런 마음이 없는 사람은 성경을 읽으면 안 됩니다.

이순신 장군을 알려면 위인전을 읽으면 됩니다. 이순신 장군에 대하여 관심이 없으면 읽을 필요가 없습니다.

이순신 장군이 마지막에 노량해전에서 거북선 몇 척으로 일본 배 450척을 물리치고 전사했습니다.

그런 사건의 기록이 나왔을 때 '어떻게 그런 일이 있을 수 있을까?' 하는 생각이 들어도 '아하, 그랬었구나.' 하고 읽으면 되는 것입니다.

살수대첩에서 을지문덕 장군이 청천강에서 수양제 대군 30만 명을 다 몰살시키고 2,700명만 살았다고 합니다. 궁금해서 읽다 보면 '이렇게 했었구나.' 하고 받아들이게 됩니다. 관심 없는 사람은 안 읽으면 됩니다.

저는 성경을 읽고 거짓말이라고 말하는 사람은 이해가 되지 않습니다. 성경은 전능하신 하나님이 하신 일들을 기록한 책이지 내가 한 것이 아닙니다.

사람이 돈을 쓸 때에 다 자기 연봉이 있습니다. 연봉 5천만원을 버는 사람은 1년에 5천만원을 쓰는 것입니다. 사람이 다 똑같이 5천만원을 쓰는 것은 아닙니다.

우리나라의 1년 예산이 270조원이 넘습니다. 대통령이 사인을 하면 대통령은 270조원을 씁니다. 이를 '어떻게 사람이 270조원을 쓰느냐, 말도 안 돼.'라고 할 때, 그 사람은 자기 수준에서 생각하기 때문입니다.

같은 사람이라도 대통령은 1년에 270조원을 씁니다. 이는 단위 차이입니다. 어느 수준에서 바라보느냐 하는 것입니다.

성경이 살아 계신 하나님께서 하신 일들을 기록한 책인 것을 모르고 성경을 읽으니까 의심만 들고 이해가 안 되고 거짓말이라고 하는 것입니다.

성경은 아무나 읽는 것이 아니고 하나님에 대하여 궁금한 사람이 읽는 것입니다. 성경을 통해서 '하나님이 이런 분이고 이런 일을 하셨구나.' 하고 생각하면 됩니다.

성경은 하나님의 약속이기 때문입니다.

"내가 진실로 진실로 너희에게 이르노니 나를 믿는 자는 내가 하는 일을 그도 할 것이요 또한 그보다 큰 일도 하리니 이는 내가

아버지께로 감이라 너희가 내 이름으로 무엇을 구하든지 내가 행하리니 이는 아버지로 하여금 아들로 말미암아 영광을 받으시게 하려 함이라 내 이름으로 무엇이든지 내게 구하면 내가 행하리라"(요 14:12~14).

하나님을 믿고 순종하는 우리들에게 하나님이 하신 일들을 경험하게 하기 위해서 당신이 하신 일들을 보여주신 것입니다.

물론 그 일이 하나님의 뜻에 합당할 때 가능합니다. 하나님의 뜻에 합당할 때 그렇게 해 주시겠다는 것을 먼저 우리에게 보여 주신 것입니다.

이런 눈으로 성경을 보면서 말씀하신 하나님을 만나고 싶으면 그 말씀을 믿고 순종하면 됩니다. 순종이 굉장히 중요합니다. 순종하기 어려우면 여러분은 복종하면 됩니다.

성경에 "순복할지어다."라고 했습니다. 하나님께 순종이 안 되면 복종하라는 것입니다.

이 세상의 많은 사람들이 성경을 통해서 하나님을 믿고 만나고 경험하고 있습니다. 하나님이 무어라고 말씀하시든지 그대로 믿고 순종하는 자들이 하나님을 만나고 경험하기 때문에, 하나님을 믿는 사람들이 수도 없이 늘어나는 것입니다.

만일에 관념 속에만 있다면, 어떻게 하나님을 믿고 예수를 믿는 자들이 늘어날 수 있겠습니까?

하나님의 약속만 잘 순종하면 죽을 사람이 살 수도 있습니다. 반대로 순종하지 않으면 살 사람이 죽을 수도 있습니다. 저는 그런 일을 많이 겪었습니다.

"저 사람, 이 순간에 예수만 믿으면 살 수 있는데…. 예수님 말씀에 순종하고 만나기만 하면 살 수 있는데…."

이런 일이 얼마나 많이 있는지 모릅니다.

생사의 기로에 서면 하나님 말씀에 순종하느냐 안 하느냐가 굉장히 중요합니다.

우리 교회 정 전도사의 언니가 홍성에 살고 있었는데 어떤 사고로 인해 죽음이 임박한 상태였습니다.

정 전도사가 평신도 때, 중환자실에서 언니가 죽어 가니 한 번만 면회를 해 달라고 해서 내려간 적이 있었습니다.

언니가 안 믿는 사람이고 나와는 아무 상관이 없었지만, 정 전도사가 주의 일을 열심히 했기 때문에 갔습니다.

가서 보니 중환자실에서는 이미 포기를 한 상태로, 정신은 있는데 말을 못했습니다. 나는 복음을 전하기 시작했습니다. 교회에 다닌 적이 있느냐고 물어보니, 어릴 때 주일학교에 다닌 적이 있다고 고개를 끄덕입니다.

예수를 전하는데 눈물을 주르륵 흘립니다. 복음이 들어간 것입니다. 시간이 없으니까 중요한 것만 전했습니다.

면회시간 30분이 넘으니 간호사들이 나가라고 합니다. 제가 나오면서 마지막으로 방언을 하고 귀신을 쫓았습니다.

"내가 나사렛 예수의 이름으로 명하노니, 이 더러운 사망의 귀신아, 떠나라!"

하고 소리를 질렀습니다.

멀쩡하게 생긴 사람이 들어와서 중환자실에서 나가지도 않고 이상한 말을 하고, "귀신아 나가라!"고 소리를 지르니까, 의사와 간호사들이 난리가 나서 나가라고 했지만 들은 척도 하지 않고 사망의 귀신을 막 쫓았습니다.

제가 마지막으로 나오면서 이렇게 말했습니다. 만일에 자다가, 또는 꿈에 이상한 사람이 나타나거든 꼭 나사렛 예수의 이름으로 "떠나라!" 하고 명령하라고 하였습니다. 이것을 잊으면 큰일난다고 당부하고 나왔습니다.

그 후 언니는 일주일 만에 퇴원을 했습니다. 나중에 상황을 물어 보니 제가 말하고 간 지 3일 후에 꿈에 어떤 남자 세 명이 나타났는데, 목사님이 뭐라고 얘기하라고 했는지 생각이 잘 안 나더라는 것입니다.

그런데 워낙 상황이 급하니까 생각이 나서 "예수" 이름을 막 외쳤더니 떠나가더라는 것입니다.

그러고 나서 극적으로 살아나서 퇴원하여 지금은 농사 잘 짓고 살고 있습니다. 영적으로 경험한 일이기 때문에 생생합니다. 어제나 오늘이나 영원토록 동일하신 일이었으니까 생생한 것입니다.

만일 그때 그 사람이 예수를 못 만났으면 이 세상 사람이 아니었을 것입니다.

그러나 그 순간에 예수, 복음을 듣고 순종하여 꿈속에서도 "예수" 하니까, 귀신들이 떠나가고 살아나게 된 것이었습니다.

우리들이 예수를 만나고 못 만나는 것은 굉장히 중요한 것입니다. 우리가 하나님을 제대로 아느냐 모르느냐 하는 것은 지식에도 차이가 있지만 살아가는 데 얼마나 많은 영향을 끼치는지 모릅니다.

하나님을 모르면 사람이 어떻게 만들어졌는지 알 수 없습니다. 태어난 것은 알아도 만들어진 것은 모릅니다.

다윈은 인간이 진화되었다고 말하는데 기분 나쁜 이야기입니다. 아메바로부터 시작하여 원숭이에서 사람이 되었다는 주장은 자존심 상하는 일입니다.

원숭이가 우리 조상이라면 명절 때 집에서 제사를 지낼 것이 아니고, 동물원에 가서 원숭이 앞에 제사상을 차려놓고 제사 지내야 할 것입니다.

우리나라의 경우는 더 심합니다. 우리 조상 할머니가 곰, 즉 웅녀라고 합니다. 그렇다면 미친기지로 동물원에 가서 곰 앞에 절을 해야 되는 것입니다.

하나님을 모르면 이렇게 인간을 비하할 수밖에 없습니다.

하나님께서는 우리 인간들을 가장 우월한 존재, 하나님의 형상과 모양대로 만드시고 만물을 다스리라고 하셨습니다.

그럼에도 불구하고 인간을 만드신 하나님을 모르니까 진화론이나 단군신화를 만들어 인간을 짐승보다 못한 존재로 전락시킵니다. 이것을 아는 것과 모르는 것은 차이가 많이 납니다.

또 닭이 먼저입니까, 알이 먼저입니까?

이것을 아는 과학자는 없습니다. 그러나 과학을 연구하지 않아도 우리는 알 수 있습니다. 하나님께서 알을 먼저 만들지 않고 어미를 먼저 만드셨습니다.

성경에 하나님께서 새끼를 낳을 수 있는 어미를 만드셨다고 했으니까 닭이 먼저입니다. 우주를 어떻게 만들었는지 아무리 연구해도 정확한 답은 나오지 않습니다. 그러나 하나님을 아는 사람은 하나님이 말씀으로 만드셨다는 것을 압니다.

또 세상에는 많은 질병이 있습니다. 우리나라만 해도 희귀병의 종류가 110종이며 108만 명이 그 병으로 고통받고 있습니다.

원인을 모르니까 치료받을 길도 없습니다. 의사들이 병의 원인이 밝혀지지 않은 병은 차트에다 'G.O.K.'라는 병명을 씁니다. God Only Knows. 즉 '오직 신만이 아는 병이다.'라는 병명입니다.

사람들이 아픈데 병명이 규명되지 않고 치료법도 없으니까 이는 하나님만이 아시는 병이라는 것입니다. 그러나 하나님을 알게 되면 병의 원인을 금방 압니다.

병의 원인은 죄와 마귀 때문입니다. 제가 우리 교회뿐만 아니라 많은 사람들을 예수 이름으로 고쳐주었습니다. 지금도 우리 교회의 많은 사람들이 아프면 저한테 와서 안수를 받고 고침받습니다.

그러나 제가 의학을 전공하거나 주사를 놓거나 약을 먹여서가 아닙니다. 저는 원인을 알기 때문에 해결방법이 나오는 것입니다. 원인은 '죄'입니다.

아담과 하와가 범죄하기 전에는 인간들에게는 질병이 없었습니다. 아담과 하와가 범죄하고 나서 인간의 육체에 저주가 왔는데 그 저주 중의 하나가 질병입니다.

질병의 원인은 죄입니다. 죄의 문제만 해결하면 됩니다. 제일 먼저 죄의 문제를 해결해야 합니다.

그러나 병원에서는 의사가 죄의 문제를 해결해 줄 수 없습니다. 그러니까 병이 재발되고 계속적으로 반복되는 것입니다. 이것만 잘 알면 고칠 수 있습니다.

하나님을 아는 것이 지식의 근본입니다.

제가 예수 이름으로 많은 사람들을 고친 것은 의술로 고친 것이 아니라 원인을 알기 때문에 고칠 수 있었습니다. 세상의 과학이나 지식・기술로 해결하지 못하는 일들을 하나님만 제대로 알면 해결 받을 수 있는 길이 많이 있습니다.

잠언 기자(記者)는 하나님을 아는 것이 지식의 근본이라고 하였습니다. 성경은 하나님의 눈을 가지고 봐야 합니다. 우리의 기준과 하나님의 기준이 있습니다.

하나님께서 천지만물을 만드셨습니다. 우주는 무한대가 아니라 공간입니다. 과학자마다 조금씩 다르지만 우주의 벽을 빛으로 통과하는 데 약 100억 광년이 걸리는 먼 거리라고 합니다.

지구에서 태양까지는 1억 5천만km의 거리입니다. 빛으로 약 8분을 갑니다. 빛이 1초에 지구를 일곱 바퀴 반을 돕니다. 이를 km로 환산하면 약 30만km입니다. 빛이 1초에 약 30만km를 갑니다. 이런 속도로 100억 년을 가는 넓이가 우주입니다.

우주가 얼마나 큰지 상상해 보시기 바랍니다. 지구 같은 별이 천억 개 이상이 모이면 은하계라고 합니다. 이런 은하계가 천억 개 이상 모인 것을 우주라고 합니다. 우리가 사는 우주는 이렇게 넓은 공간인 것입니다.

하나님께서는 이 우주를 말씀으로 지으셨습니다. 하나님께서 내려다보실 때 지구는 눈에 보이지도 않을 것입니다. 이렇게 광활한 우주를 말씀으로 지으신 분이 못하실 것이 뭐가 있겠습니까!

영화 십계를 보면, 모세가 홍해 바다를 지팡이로 가르고, 이스라엘 사람들이 이집트에서 홍해 바다를 건너왔습니다. 이 일이 안 믿어지시는 분들은, 여러분의 눈으로 보니까 그렇습니다.

이는 하나님이 하신 일입니다. 광활한 우주를 말씀으로 지으신 분이 하신 일입니다. 하나님이 하시면 지구 안에 있는 그 조그만 홍해 바다를 가르는 일쯤은 아무것도 아닙니다.

우리가 어릴 때에는 흙마당에서 놀았습니다. 비가 오면 물이 흘러갑니다. 놀거리가 없으니까 물을 흙으로 막기도 하고 연결도 합니다.

만약 이 광경을 개미가 봤을 때 얼마나 놀라운 일이겠습니까! 개미가 봤을 때에는 갑자기 큰 바다가 막혀지기도 하고 흐르기도 하고 깜짝 놀랄 일일 것입니다.

하나님과 인간의 입장, 인간과 개미의 입장에도 이렇게 차이가 납니다.

개미가 친구에게 가서 어떤 동물이 발로 짓이기니까 바다가 갈라지고 난리가 난다고 했을 때, 친구는 그럴 리가 없다고 할 것입니다.

"아니, 어떻게 그런 일이 있을 수 있니? 말도 안 되는 소리하지 마."

이는 개미 입장에서 봤기 때문에 말도 안 되는 것입니다. 성경을 보고 어떤 사람이 말합니다.

"성경 그런 것을 믿소? 세상에 그런 법이 어디 있소?"

맞는 말입니다. 성경은 세상에 있는 법이 아니라 세상에 없는 법을 기록한 책입니다.

반석을 쳐서 물을 내고, 메추라기가 떨어지고 갑자기 하늘에서 비가 내린다고 하니까 거짓말이라고 합니다.

홍해 바다를 가 보니, 하나님은 잠깐 열어놨는데, 지금은 인간들이 바다 밑에 터널을 뚫어서 버스까지 다닙니다.

지금은 인간이 구름을 만들어서 비를 내리게도 합니다. 인간도 할 수 있는 일인데 왜 하나님이 못하시겠습니까. 인간이 의심하고 보니까 안 믿어지는 것이지, 이런 일들이 하나님이 하신 일이라고 마음을 열고 보면 왜 안 믿어지겠습니까.

이렇게 충분히 설명하는데도 믿어지지 않는다면 지옥에 가야 합니다. 이는 안 믿기로 작정했기 때문입니다.

교회는 배움도 다르고 생활환경도 다르고 성격도 다른 사람이 모여 있는 곳입니다.

90세 할머니부터 뱃속에 잉태된 아기까지 다른 환경과 조건의 사람이 모여서 교회라는 한 울타리에서 신앙생활을 하는 것입니다.

목회자 혼자서 이를 컨트롤하는 것은 쉽지 않은 일입니다. 저는 그전에 고집스럽고 다혈질인 사람이었지만 하나님은 우리의 생각과 마음까지를 감찰하시고 변화시키는 분이시기 때문에, 지금은 혈기도 다 없어지고 마음이 태평양처럼 넓은 사람이 되어 목회하고 있는 것입니다.

제가 그렇게 할 수 있는 것은 하나님의 말씀이 저를 변화시켰기 때문입니다. 제가 혼자 마음속으로,

'저 사람은 정말 죽어도 안 믿을 거야.'

하고 생각한 사람이 있었습니다.

그런데도 불구하고, 신기하게 교회에 나와서 신앙생활을 얼마나 잘하는지 모릅니다. 이것을 보면서 이는 제가 판단할 일이 아니고 하나님이 하신 일이라고 생각했습니다.

우리 교회의 남전도회원의 91.5%가 불신자였습니다. 이런 사람들이 그동안 교회 안 다니던 과거에 자신의 고집과 아집・편견・죄 등이 있었던 사람들이, 예수 믿고 얼마나 많이 변하는지 사람들이 깜짝 놀랍니다.

우리 교회의 이 집사님은 귀신 잡는 해병대 출신으로, 예수 믿고 돌아올 때 잠자다 말고 팬티 바람으로 옥상에 가서 춤을 추는 등 별일이 다 있었지만 예수 믿고 변화되었습니다.

이는 하나님 아니시고는 못하시는 일입니다. 히브리서 4장

12절 말씀, 그대로입니다.

> **"하나님의 말씀은 살아 있고 활력이 있어 좌우에 날선 어떤 검보다도 예리하여 혼과 영과 및 관절과 골수를 찔러 쪼개기까지 하며 또 마음의 생각과 뜻을 판단하나니."**

그래서 사람의 눈으로 볼 때는 저 사람이 도저히 예수 안 믿을 사람인데도, 예수 믿고 변화되고 개과천선해서 완전히 새 사람으로 바뀌는 것입니다. 그 하나님을 믿고 순종하기만 하면 좋으신 하나님을 경험하며 살 수 있습니다.

저는 하나님을 만나고 경험해서 하나님이 계시다는 것을 알기 때문에, 무조건 하나님의 말씀에 100% 다 순종하려고 애를 많이 쓰는 사람입니다. 100% 순종하려고 하니까 하나님의 약속을 많이 경험했습니다.

우리 교회에서 많은 병자들을 고치는 것은 하나님께 100% 순종하니까 치료하는 하나님으로 역사해 주시는 것입니다.

만일 제가 저의 판단으로 '기도해서 안 나으면 어떡하지?' 하고 의심하고 기도 안했으면 아마 병 고침 받지 못할 것입니다. 저는 죽은 사람이 온다 해도 기도할 수 있습니다.

제가 교회를 개척하고 그 이듬해인 1991년도였습니다.

보일러 기술자이던 남자 집사님이 아내의 우유배달을 도와주고, 새벽에 보일러 공사를 하러 가서 공사일하다 쓰러져서 강동성심병원 중환자실에 있다고 연락이 왔습니다.

병원에 가 보니, 환자는 수술실에 들어가고 교인들과 그의 아내가 수술실 앞에서 넋을 잃고 있었습니다.

한참 시간이 지난 후에 집사님이 머리에 붕대를 감고 수술실에서 나와 중환자실로 옮겨질 때, 제가 침대를 잡고 “내가 나사렛 예수 이름으로 명하노니 일어나라!” 하고 명령을 했습니다. 일어났겠습니까, 안 일어났겠습니까? 안 일어났습니다.

요한복음 14장 12~14절 말씀입니다.

“내가 진실로 진실로 너희에게 이르노니 나를 믿는 자는 내가 하는 일을 그도 할 것이요 또한 그보다 큰 일도 하리니 이는 내가 아버지께로 감이라 너희가 내 이름으로 무엇을 구하든지 내가 행하리니 이는 아버지로 하여금 아들로 말미암아 영광을 받으시게 하려 함이라 내 이름으로 무엇이든지 내게 구하면 내가 행하리라.”

예수님은 죽은 자를 살리셨습니다. 그 집사님은 아직 죽지 않았기 때문에 죽은 나사로의 경우보다는 훨씬 더 쉬운 일이었습니다.

그래서 저는 분명히 이 말씀을 믿고 침대를 붙잡고,

“깨어라!”

하고 소리를 질렀는데 안 일어나는 것입니다.

의사와 간호사가 저를 보더니 멀쩡하게 생긴 사람이 돌았다고 하였습니다.

그분은 중환자실에 옮겨진 후 4일 만에 세상을 떠났습니다.

그러니 제 체면이 뭐가 되겠습니까. 어떻게 수습을 해야 되는지를 하나님께 따지면서 기도했습니다.

"하나님, 왜 저를 망신시키십니까? 저는 하나님의 말씀이 어제나 오늘이나 영원토록 동일하신 말씀이고, 살았고 운동력이 있음을 그대로 믿고 순종한 것인데 왜 하나님, 저를 실망시키셨습니까? 요한복음 11장 3절에 죽은 지 사흘 된 나사로도 '나사로야, 나오라!' 하니까 붕대를 동여맨 채로 걸어 나오지 않았습니까? 그리고 3장 뒤인 요한복음 14장 12절에 '네가 나를 믿으면 나의 하는 일을 저도 할 것이요 이보다 큰일도 할 수 있다'고 하신 약속을 믿고 순종했는데 왜 약속을 어기셨습니까?"

그때에는 제가 계속 목회를 해야 되는지 말아야 되는지 정말 심각한 위기상황이었습니다.

"저는 목회를 출발하는 과정인데 이 문제가 해결되어야 목회를 하지, 그러지 않고서는 목회를 못 하겠습니다. 하나님, 왜 약속을 안 지키십니까? 거기서 '일어나라'고 소리치는 건 쉬운지 아십니까?"

저는 하나님께 떼를 썼습니다.

지금은 웃으면서 이야기할 수도 있지만 그때는 정말 심각했습니다. 그때 하나님께서 말씀하시기를,

"네가 하나님이냐?"

하시는 것이었습니다. 저는 깜짝 놀랐습니다.

"네가 할 일이 있고 내가 할 일이 있다."

말씀을 믿고 소리 지르는 것은 하나님의 종인 제가 할 일이고, 그 사람을 살리고 죽이는 것은 하나님의 소관이시라는 것이었습니다. 하나님의 약속을 믿고 순종하는 것까지가 제가 할 일이고 그 사람을 죽이고 살리는 것은 하나님의 권한, 하나님이 하실 일입니다.

만약, 그때 침대를 잡고 "깨어라!" 했을 때, 벌떡 일어났으면 그때부터 신문에 나고 미국과 유럽에서 저를 초청하느라고 난리가 났을 것이고, 저는 아마 유명인사가 되었을 것입니다.

어쩌면 제 자신이 하나님이 되어서 지금 사이비 교주가 되어 있을 가능성도 충분히 있습니다. 저를 저보다 더 잘 아시는 하나님께서 그런 부분까지지도 고려하신 뜻이 있었습니다.

우리가 "3년만 더 살게 해 주세요." 할 때, 우리 입장에서 3년이란 세월은 길지만 하나님의 입장에서 볼 때는, 3년이든 30년이든 더 사는 것은 중요하지 않습니다. 구원받았느냐, 아니냐가 중요한 것입니다.

당시 그 집안은 무척 어려웠었습니다. 풍납동 지하의 100만원에 월세 15만원으로 가족이 모두 한 방에서 잘 만큼 가난했습니다. 이분이 돌아가시고 나서 조의금이 들어와서 가정의 빚을 다 갚고, 모녀가정이 되어 양재동의 영구 임대 아파트에 살게 되는 등 남은 가족을 하나님께서 살리셨습니다.

우리 입장에서는 더 사는 게 중요하지만 하나님의 입장에서는 더 사는 것이 중요하지 않을 수도 있는 것입니다. 제가 합리화시키는 것이 아니고 하나님의 입장으로 돌아가 보자는 것입니다.

중요한 것은 제가 객기 부린 것이 아니고 사랑하는 성도에게 하나님의 말씀을 그대로 믿고 순종한 것이므로 순종한 상은 주실 거라는 것이었습니다.

저는 이것을 깨닫고 나서 자신감을 얻고 담대해 졌습니다. 하나님이 하실 일이 있고 내가 할 일이 있고, 내가 할 일은 하나님 말씀에 순종하는 것까지이며 뒷일은 하나님이 하신다는 것입니다.

이 사건을 통하여 진짜 능력을 갖게 되었습니다. 만일 제가 그때 이것을 경험하지 않았으면 능력이 점점 없어졌을 것입니다. 다 낫게 하는 것까지 내가 한다고 생각하기 때문에 '안 나으면 어떡하지?'라고 생각하면서, 안수도 안 하고 피하여 지금은 무능력한 자가 되고 말았을 것입니다.

이 사건을 통하여 정말 강하고 담대한 믿음이 생겼고 죽은 사람도 겁나지 않았습니다. 손을 얹어 안수하면, 사람이 살아나고 안 살아나는 것은 하나님께서 하실 일이기 때문입니다.

아프면 손을 얹어 기도하는 것은 내가 할 일이고, 치료하는 것은 하나님이 하실 일입니다.

우리 교회에서 가평에 있던 장애인 기관을 도왔는데, 은주라는 15살 여자아이가 죽게 되어 청평 입구의 영진병원에 있다고 연락이 왔습니다. 2살 때, 2층 난간에서 떨어져 전신마비가 된 아이입니다. 제가 후원하고 있는 복지기관의 안 목사님께서 저한테 장례를 치러달라고 전화를 하였습니다.

철야 예배 후에 피곤했지만 청평에 가니 그 아이가 병원 처치실에서 의식도 없고 숨이 넘어가는 것이었습니다. 그 아이를 잘 아니까 너무 불쌍해서 기도를 하였습니다.

"하나님 아버지, 이 애가 이렇게 살다 가는 것이 너무 불쌍합니다. 하나님, 좀 살려주시면 안 되겠습니까?"

늘 하던 식대로 기도했습니다. 살아난다는 생각은 하지 않고 기도하면서 마지막에,

"나사렛 예수의 이름으로 명하노니 이 더러운 사망의 귀신은 떠나가라!"

이렇게 마무리를 짓고 나와서 아이가 죽을 때를 기다리고 있었습니다.

그런데 아무리 기다려도 아이가 죽지 않는 것이었습니다. 이상하다고 생각하고 있는데, 의사가 들어가 보더니 아이가 갑자기 좋아지고 있다는 것이었습니다.

그래서 안 목사님이 저에게 일단 집으로 가시고, 아이가 죽으면 전화할 테니 그때 와서 장례를 치러 달라고 했습니다.

그 후, 저는 다시 그곳에 간 적이 없습니다. 아이가 살아나서 퇴원하고 영주의 베다니 마을에서 살고 있다는 말을 들었습니다.

제가 이런 많은 경험들을 할 수 있었던 것은 성경은 살아 계신 하나님께서 하신 일들을 기록한 책이라는 사실을 믿고 있었고, 제가 하나님의 말씀을 믿고 순종하면 그 말씀하신 하나님을 만날 수 있다는 어린아이와 같은 믿음을 가지고 순종했기 때문입니다.

하나님의 말씀에 그대로 순종해야 합니다.

저는 지금도 하나님의 말씀에 그대로 순종하려고 노력합니다. 그래서 적당히 하나님께서 우리 교회에 환자들을 주기적으로 보내주셔서 저의 믿음이 식지 않게 사랑을 베풀어 주십니다. 얼마나 감사한지 모릅니다.

저에게 적당히 치료하는 경험을 하게 하시면서 저를 사용하고 계십니다. 하나님만 제대로 알고 믿으면 사람들이 다 죽는다고 하는 사람도 살아날 길이 있습니다.

여러분들이 당하는 그 어떤 어려움 속에서도 하나님만 제대로 알면 그 어려움에서 하나님의 능력으로 벗어나올 수 있는 길이 얼마든지 있습니다. 우리가 우리의 얕은 머리로 계산하고 생각하니까 하나님을 못 만나는 것입니다.

이런 아이처럼 순전한 믿음으로 성경은 살아 계신 하나님이 하신 일들을 기록한 책이며, 우리를 만나주시기 위한 하나님의 약속임을 믿어 보십시오. 하나님이 무어라 말씀하시든지 내 머리나 경험으로 판단하지 말고 어린아이처럼 그대로 믿고 순종해 보십시오. 그러면 여러분은 반드시 하나님을 만날 수 있고, 성경에 일어난 그 신비한 일들도 얼마든지 경험할 수 있습니다.

세상에 불가사의한 일들이 얼마나 많습니까? 우리 머리로 이해할 수 없는 일들이 너무나 많습니다.

누구나 알 듯이, 이집트에 가면 피라미드가 있습니다. 피라미드의 돌 하나의 무게가 2톤입니다. 그것이 200만 개가 모인 것이 피라미드입니다.

피라미드가 있는 곳은 사막으로 거기에는 온통 모래뿐이고 돌이 없습니다. 나일 강 밑의 900km 떨어진 곳에서 돌을 옮겨와 사막에 피라미드를 세운 것입니다. BC 1500년경, 지금으로부터 3,500년경 전의 일입니다.

우리의 머리로는 이해할 수 없는 일들이 너무나 많습니다. 제한된 머리로 생각하니까 '안 된다, 불가능하다, 거짓말이다.' 라고 생각하게 되는 것입니다.

정말 성경이 살아 계신 하나님이 하신 일이며, 약속이라는 사실을 말씀 그대로 믿고 의지하고 순종만 한다면, 여러분도 얼마든지 그 약속의 하나님을 여러분의 삶 속에서 만나고 경험하는 은혜를 체험할 수 있습니다.

여러분이 먼저 경험하고 여러분 주변에 이런 사실을 알지 못하고 죽어가는 사람이 있으면 그 사람들에게 하나님의 말씀을 경험시킬 수 있습니다. 그 사람을 건져내고 도움을 줄 수 있습니다.

'성경은 살아 계신 하나님의 말씀'입니다. 복잡하게 이야기하지 않았습니다. 단순하고도 명료한 진리입니다.

이제부터 성경을 대하는 여러분의 눈이 달라지기를 바랍니다. 성경을 대할 때마다 이 말씀에 순종해서 여러분의 삶 속에서 전능하신 하나님의 살아 계심을 많이 경험하시기를 예수님의 이름으로 축원합니다. 아멘.

기드온 성경대학(G.B.C.) 시리즈 5과 : 마가복음 2:1~12

5. 죄와 은혜

"수 일 후에 예수께서 다시 가버나움에 들어가시니 집에 계시다는 소문이 들린지라 많은 사람이 모여서 문 앞까지도 들어설 자리가 없게 되었는네 예수께서 그들에게 도를 말씀하시더니 사람들이 한 중풍병자를 네 사람에게 메워 가지고 예수께로 올새 무리들 때문에 예수께 데려갈 수 없으므로 그 계신 곳의 지붕을 뜯어 구멍을 내고 중풍병자가 누운 상을 달아 내리니 예수께서 그들의 믿음을 보시고 중풍병자에게 이르시되 작은 자야 네 죄 사함을 받았느니라 하시니 어떤 서기관들이 거기 앉아서 마음에 생각하기를 이 사람이 어찌 이렇게 말하는가 신성 모독이로다 오직 하나님 한 분 외에는 누가 능히 죄를 사하겠느냐 그들이 속으로 이렇게 생각하는 줄을 예수께서 곧 중심에 아시고 이르시되 어찌하여 이것을 마음에 생각하느냐 중풍병자에게 네 죄 사함을 받았느

니라 하는 말과 일어나 네 상을 가지고 걸어가라 하는 말 중에서 어느 것이 쉽겠느냐 그러나 인자가 땅에서 죄를 사하는 권세가 있는 줄을 너희로 알게 하려 하노라 하시고 중풍병자에게 말씀하시되 내가 네게 이르노니 일어나 네 상을 가지고 집으로 가라 하시니 그가 일어나 곧 상을 가지고 모든 사람 앞에서 나가거늘 그들이 다 놀라 하나님께 영광을 돌리며 이르되 우리가 이런 일을 도무지 보지 못하였다 하더라"(막 2:1~12).

사람들은 이 세상을 죄의식 속에 살아가고 있습니다. 그 죄의식 때문에 나타나는 마음의 상태가 곧 두려움과 불안입니다.

'나는 지은 죄가 없다.'

이렇게 생각한다 할지라도 마음속에 항상 어떤 두려움이나 불안이 있으면, 그 사람은 자기도 모르는 사이에 죄의식에 시달리고 있는 사람입니다.

여러분들이 살아가면서 막연하게 두렵거나 불안한 마음이 있다는 것은, 인정하기 싫어도 여러분들이 죄의식에 사로잡혀 있기 때문에 그렇습니다.

그런데 도대체 어떤 죄의식을 가지고 있는지가 중요합니다.

지난번에, 육체를 가지고 사는 것은 기회인데, 그 육체를 가지고 사는 동안 인간들은 다 죄를 짓는다고 했습니다. 그래서 그 죄 때문에 육체 속에 있던 영혼이 육체 바깥으로 나오면, 육체를 가지고 사는 동안 저질렀던 죄에 대한 형벌을 그 영혼이 다 받는데 그것이 바로 지옥의 삶이라고 했습니다.

사람들은 이 세상에서 죄를 범하지 않고 사는 사람은 없다고 인정을 합니다. 그런데 이 죄가 죄로 끝나는 것이 아니라 반드시 형벌과 심판을 받게 되어 있습니다.

그러면 이 세상에 죄를 짓지 않는 사람이 없는데, 어떻게 하면 그 심판을 받지 않을 수 있는지에 대해서 궁금하게 여깁니다. 그때 사람들이 찾는 것이 종교입니다.

우리는 영과 혼과 육체가 있습니다. 세상의 법은 육체에서 일어난 일을 심판하고, 마음에 일어난 것은 종교가 심판을 합니다. 세상에 법이 있는 것은 육체의 행위로 저지른 죄를 정죄하기 위해서 있는 것입니다.

그런데 그 법이 정죄의 기능을 갖고 있지만 사실은 사람을 보호하기 위해서 법이 만들어진 것입니다. 법이 있기 때문에 죄가 죄로 드러납니다.

만일에 법이 만들어지지 않았으면 죄가 죄로 드러나지 않습니다. 법을 만듦으로 말미암아, '아, 저것이 죄구나!' 하고 드러나서, 그 죄를 저지른 사람을 심판하게 됩니다. 그러면서 죄 짓지 않은 사람을 보호합니다.

법이라는 것은 이 세상 사람들에게 꼭 필요합니다. 만일에 법이 없는 세상, 무법천지가 된다면 살기 어려울 것입니다.

법은 좋은 것입니다. 법은 법을 지키는 많은 사람을 보호하기 위해서 만들어지면서 상대적으로 죄를 심판하게 됩니다.

예전에 우리나라가 문화가 발달하기 이전에는 노상에서 방뇨하는 것은 죄가 아니었습니다. 한 20년, 30년 전만 해도 죄가 아니었습니다.

그러나 우리나라가 문화적인 나라가 되면서 법을 만들어 놓았기 때문에 노상방뇨는 죄가 되었습니다. 법이 없을 때에는 전봇대에 실례하는 것이 보기에는 안 좋아도 죄라고 하지 않았지만, 법이 만들어진 다음부터 전봇대에다 실례하면 죄가 됩니다.

이렇게 법이 만들어짐으로써 죄가 죄로 드러나고 법에 저촉되므로 전봇대에 실례하는 사람이 줄어듭니다.

이해를 돕기 위해 쉬운 비유를 들었습니다. 이렇게 육체는 세상의 법이 심판을 하게 되어 있습니다. 그런가 하면 마음, 혼은 종교가 심판을 합니다. 그래서 양심이라고 합니다. 윤리적이고 도덕적으로 양심이 심판하는데 이것은 우리의 마음입니다.

양심은 기준이 없고 사람, 종교마다 각각 다르기 때문에 양심은 절대 기준이 될 수가 없습니다. 세상의 법도 나라마다 다르고 양심도 사람마다 다르기 때문에 이것이 일관성 있는 기준이 될 수가 없습니다.

미국에서는 잔디를 깎지 않고 무성하게 그냥 놔두면 죄가 됩니다. 집을 관리하지 못해서 전체적인 환경이 좋아지지 않기 때문에 그 동네 삶의 질도 떨어지고 집값도 영향을 받는다는 것입니다. 그래서 의무적으로 잔디를 깎아야 하고 잔디를 깎지 않으면 그것에 대한 벌금을 냅니다. 그러나 우리나라에서는 자기 집의 잔디를 깎지 않는다고 벌금내진 않습니다.

이렇게 법은 나라마다 다를 수가 있습니다. 또 양심도 다를 수가 있습니다. 일본 남자들은 목욕탕에 들어가면 꼭 수건을 가지고 다니면서 부끄러운 부분을 가리고 다닙니다. 우리나라 사람들은 목욕탕에서야 다 똑같은 처지니까 벗고 다니는데 일본 사람들은 그렇지 않습니다.

그런데 여자들을 보면 일본 여자들은 탈의실에서는 엄청나게 몸을 가리다가도 일단 목욕탕 안에 들어가면 보일러 기술자가 보일러를 고치러 들어가도 전혀 부끄러워하지 않습니다. 우리나라에서 낯선 남자가 여탕에 들어오면 비명을 질러대며 소동이 날 것입니다.

양심이라는 것이 어떤 사람의 경우에는 바퀴벌레 한 마리도 못 죽이는가 하면, 어떤 사람의 경우에는 사람도 예사로 죽이기도 합니다. 그러니까 양심의 기준이라는 것이 전부 다르기 때문에 특정 개인의 양심이 기준이 될 수 없습니다. 법이든 양심이든 절대로 의의 기준이 될 수 없습니다.

하나님의 심판은 영의 죄입니다.

하나님의 심판은 영의 죄입니다. 그러나 세상의 어떤 종교든지 법이든지 하나님을 알지 못하기 때문에 그 죄의 문제를 해결받지 못하는 것입니다.

그래서 하나님께서 독생자 예수 그리스도를 보내주시면서 예수 믿고 구원받으라고 하십니다. 구원의 뜻은 죄 용서를 받으라는 것입니다.

지금 우리 기독교인들이 너무나 어렵게 성경을 보고 어려운 설교를 듣다 보니, 말하는 사람도, 듣는 사람도 잘 모릅니다.

말하는 사람도 좀 쉽게 말하고 쉽게 가르쳐주면 듣는 사람도 쉽게 알아들을 텐데 우리 기독교 용어 자체가 어렵고, 낯선 용어로 되어 있습니다.

일제시대에 미국 선교사들이 와서 "예수 믿고 구원받으세요." 라며 복음을 전했습니다. 그때는 화폐의 단위가 1원, 2원 이럴 때니까 할머니들이, "아, 저기에 가면 9원을 주는 모양이다." 하고 돈 받으러 나오는 일도 있었다고 합니다.

실제로 선교사들이 겪은 일들입니다. 그러면 구원이 무엇입니까? 기독교인들에게 막상 구원이 무어냐고 물어보면 정확하게 대답하는 사람들이 많지 않음을 알 수 있습니다.

많은 사람들에게 당신은 예수님을 왜 믿느냐고 물어보면 여러 가지 말이 나옵니다. "천국 가려구요!", "복받으려구요!" 등, 자기 나름대로 답변만 말하지, 하나님이 원하시는 대답을 제대로 하는 사람이 드뭅니다.

그래서 이런 기독교의 약점 때문에 사이비 이단들이 많이 창궐하고 있습니다. 구원파를 비롯한 사이비 이단이 많이 일어나는 것은 교회에서 구원에 대해서 너무나 어렵게 가르치기 때문에 그렇습니다.

그래서 "구원의 확신이 있습니까?" 하고 막상 물어보면 구원의 확신이 있는 사람이 굉장히 드물다는 것을 알게 됩니다. 구원이 도대체 어떤 것인지 알아야 확신이 있든지 없든지 하지 않겠습니까?

또 이단들은 구원받았다는 어떤 사람에게 '당신이 구원받은 날짜를 압니까?' 하고 물어보고 모른다고 대답하면, '당신은 어째서 당신이 태어난 생일도 기억 못합니까?' 하며 집요하게 질문을 합니다. 이렇게 궁지에 몰리다가 나중엔 귀가 솔깃해져서 이단으로 빠지는 사람이 종종 있습니다.

그러나 '예수 믿고 구원받아라' 하는 말은 예수 믿고 죄 용서받으라는 말입니다.

하나님께서 아들을 보내실 때, 이스라엘 백성들 속에 예수 그리스도를 보내셨습니다. 그리고 많은 민족 중에 이스라엘 민족을 택하시고 그 백성을 통해서 당신을 나타내셨습니다.

그렇기 때문에 우리가 신앙생활을 할 때 유대인의 역사·유대인의 죄관(罪觀)을 알아야 되고, 유대인의 문화를 충분히 이해해야만 이 땅에 오신 예수를 알 수 있습니다.

막연하게 하나님을 알려고 하거나 예수를 믿으려고 하면 실패할 수도 있습니다. 이스라엘 사람들은 하나님 앞에서만 죄인이라고 고백합니다. 이스라엘 사람들의 법은 율법입니다.

우리도 우리나라의 법이 있습니다. 국회에서 만든 법이 있어 그 법을 어기면 죄인이 되고 그 법이 심판을 합니다. 이것처럼 이스라엘 사람들은 하나님께서 모세를 통해서 주신 십계명과 율법이 그들의 법입니다.

유대인들이 "나는 죄인입니다." 할 때는 율법과 계명을 어긴 죄인이란 뜻이고, 율법과 계명을 하나님이 주셨기 때문에 "하나님 앞에 죄인입니다."라고 고백하는 것입니다.

따라서 유대인들은 자기의 죄를 용서해 주실 분은 하나님 한 분밖에 없다는 것을 알고 있습니다. 여러분들이 예수 믿고 구원 받으려면 구원이 무엇인 줄 알아야 합니다.

아담이 하나님의 말씀을 어겼습니다. 하나님께서 아담에게,

"동산 각종 나무의 실과는 네가 임의로 먹되 선악을 알게 하는 나무의 실과는 먹지 말라 네가 먹는 날에는 정녕 죽으리라."

하시면서, 하나님이 육체를 위해서는 동산에 있는 각종 나무의 실과를 양식으로 먹게 해주셨습니다.

그런가 하면 '선악을 알게 하는 나무의 실과는 따먹지 말라 먹는 날에는 정녕 죽으리라.' 하는 하나님의 계명을 영의 양식으로 주셨습니다.

그런데 아담이 영의 양식으로 주신 하나님의 말씀에 불순종 했습니다. 그것이 죄입니다.

하나님께서 우리에게 '죄인'이라고 하실 때는 하나님의 말씀을 어긴 죄인이라는 것입니다. 그렇기 때문에 하나님의 심판을 받을 수밖에 없습니다.

법 앞의 죄인을 법이 심판하는 것처럼, 하나님 앞의 죄인은 하나님의 심판을 받는 것입니다. 육체가 세상 법을 어기면 육체가 살아 있는 동안만 심판을 받습니다. 종교가 어떤 양심을 심판할 때도 마음으로 번민하고 괴로운 심판을 받겠지만 육체가 살아 있는 동안만 그러는 것입니다.

육체와 종교가 심판하는 양심의 심판은 육체의 죽음과 함께

끝납니다. 그러나 하나님이 심판하시는 영이라는 것은 영원하기 때문에 영원한 심판을 받을 수밖에 없습니다. 그래서 지옥이라는 것이 있습니다. 그 영이 영원한 심판을 받는 장소가 바로 지옥입니다.

불교는 사람들의 생로병사의 원인이 죄 때문이라는 것까지는 알지만 그 죄목이 무엇인지 모릅니다. 그것은 하나님을 모르고, 영이 있는 줄 모르기 때문에 그렇습니다.

그러니까 그들은 막연하게 죄를 짓지 않기 위해서 출가하고 산속에 들어가 고행을 합니다. 그들은 막연한 죄의식 속에서 죄에서 벗어날 수 있는 방법을 찾지만 그들은 영을 모르기 때문에 그 영의 죄를 용서받을 수 있는 길이 없습니다.

또 하나님을 모르기 때문에 자신이 하나님 앞에 죄인이라는 사실을 모르는 것입니다. 하나님 앞에 죄인이라는 사실을 알았으면, "하나님 용서해 주세요!" 하고 하나님 앞에 매달릴 것이 아니겠습니까?

어떤 사람한테 죄를 짓고, 그 죄 때문에 자기가 괴로우면 그 사람한테 가서 용서해달라고 빌 수 있지만, 사람이 죄를 지은 게 누구한테 지은 것이지를 모르기 때문에 혼자 고행을 하는 것입니다. 우리의 영이 하나님 앞에 죄인이었다는 사실을 깨달아야만 하나님 앞에 나와서 용서받을 수 있습니다.

영이 범죄하여 영은 사망하게 되었습니다. 사망이라는 말을 한문으로 쓰면 '죽을 사(死), 망할 망(亡)'입니다. 사망이라는 말은 예수 믿지 않고 죽은 사람들의 영의 죽음을 사망이라고 합니다. 예수 믿고 죽은 사람들의 영은 '사망'이라고 하지 않습니다.

예수 믿고 죽은 사람들의 영은 천국에 가기 때문에 망하지 않습니다. 자기가 살아 있을 때 인정하지 않아도 영은 절대로 죽는 게 아닙니다. 영혼은 육체 밖으로 나옵니다. 그것을 영혼이 떠난다고 하는 것입니다.

불신자들은 그 영이 육체 속에서 나온 후 "망했다. 정말 지옥이라는 것이 있구나!" 하고 느낍니다. 그래서 사망이라고 말하는 것입니다. 예수 믿고 죽은 사람들은 사망이라는 말 대신 '소천했다', 또는 '하나님이 부르셨다'는 좋은 말을 씁니다.

죄라는 것은 우리 영이 하나님 말씀에 불순종한 것이고, 그 죄로 말미암아 우리의 마음이나 육체에서 생겨나는 것이 악심이고 악행입니다. 우리의 상위기관인 영이 범죄하니까 하위기관인 우리의 마음에 악심, 즉 악한 마음이 생기는 것이고, 그다음에 육체는 악한 행동을 하게 됩니다.

그리고 영이 범죄한 것에 대한 심판을 이 세상에 살 때는 육체가 받기 때문에 육체 속에 저주가 나타나게 됩니다. 이것은 공식입니다. 영의 죄 때문에 육체에 생로병사가 나타나는 것입니다. 그래서 옛날 부모님들께서 자식이 안 풀리고 속 썩이는 것이 다 자기 죄 때문이라고 한탄했습니다.

"무슨 죄를 그렇게 많이 저질렀습니까?"

물어보면 무슨 죄인지도 모르면서 막연하게, 부모인 내가 지은 죄가 많아 자식들이 이런 고생을 겪는다고 괴로워합니다.

영의 죄에는 육체의 저주가 따릅니다.

영의 죄 때문에 육체에는 저주가 나타나게 되어 있습니다.

예를 들어, 사람이 절도를 했다면 그건 절도죄입니다. 그런데 그것으로 끝나는 것이 아니고 그 절도죄 때문에 우리 몸이 감옥에서 벌을 받습니다. 그런 것처럼 우리가 아무리 부정을 해도 예수를 믿지 않으면 영이 다 죄인이기 때문에 육체에 반드시 저주가 나타나게 되어 있습니다.

어떤 사람은 심한 질병으로, 어떤 사람들은 아주 극심한 가난으로, 어떤 사람은 가정파괴로, 어떤 사람은 말할 수 없는 곤고함으로도 나타납니다.

이렇게 영의 죄 때문에 육체에는 반드시 저주가 나타나게 되어 있습니다. 죄의 상태에 따라 받는 벌이 다르겠지만, 어쨌든 육체가 벌을 받는 것처럼 영의 죄 때문에 모든 사람의 육체에는 다 저주가 나타나게 되어 있는 것입니다.

그래서 "예수 믿고 구원받아라" 할 때는 '죄 용서받아라.', 즉 영의 죄를 용서받으라는 말입니다. 이 죄 용서만 확실하게 받으면 육체의 저주가 떠나가게 되어 있습니다. 이건 공식입니다.

사람이 남을 때려서 2년의 법의 심판으로 복역하다가 징역을 1년 살고 죄를 사면받으면, 그 사람은 죄를 사면받음과 동시에 그 몸이 감옥에서 나옵니다.

죄를 용서받으면 육체의 벌이 끝나야 되는 것처럼, 여러분이 예수 믿고 죄 용서받은 확실한 은혜의 믿음만 가지고 있으면, 그 순간에 여러분들이 잘 알지 못했던 영의 죄 때문에 육체에 나타났던 저주는 반드시 떠나가게 되어 있습니다.

대부분 질병으로 저주가 나타납니다. 그래서 '지병'이라는 말들이 생기는 것입니다.

마가복음 2장을 읽어보면, 예수님께서 가버나움이라는 곳에 들어가셨습니다. 그런데 너무나 많은 사람, 많은 병자들이 몰려왔습니다.

"저 예수님 앞에 나가면 예수님이 병을 고쳐주신대."

"우리의 죄를 사해주시면서 병을 고쳐주신다오."

이런 입소문이 많이 났습니다.

그렇다면 나도 저 사람 앞에 나가면 죄 사함도 받을 수 있고, 병도 고침받을 수 있다는 그런 믿음을 가지고 예수님 앞에 많은 사람들이 몰려온 것입니다.

유대인들은 육체적으로 당하고 있는 질병의 원인이 죄 때문이라는 사실, 하나님으로부터 자기가 심판받았다는 사실을 알고 있습니다.

구약에 오리라 예언했던 그 하나님의 아들인 메시아·구세주·예수 그리스도, 그분만 만나면 죄도 용서받을 수 있고, 또 이 죄 때문에 나타난 육체의 저주도 떠나갈 수 있다는 기대와 믿음을 가지고 살아온 것입니다.

그들은 다른 원인을 찾지 않습니다. 자기가 죄인이라는 것은 하나님의 말씀을 어긴 것이고, 질병으로 고통받는 것은 죄 때문에 온 육체의 저주이므로, 육체의 질병을 고침받기 위해서는 죄를 용서받아야 되고, 그러려면 그 죄를 용서해 주시는 분 앞에 나가야 된다는 공식이 성립되는 것입니다.

신약성경에 보면, 예수 앞에 나간 사람들은 바로 질병도 고침받고 소경도 눈을 뜨고 문제가 바로바로 해결되었습니다.

2천 년 전에 오셨던 그 예수는 어제나 오늘이나 동일하십니다. 그때 유대인들이 믿었던 예수나 지금 우리가 믿는 예수나 똑같은 예수, 영원하신 분이라는 말입니다. 그분이 흘린 피는 영원한 피이므로 지금 우리가 믿어도 죄 용서받을 수 있고, 그분의 말씀은 영원하기 때문에 그때 하신 말씀은 지금도 효력이 있습니다.

그런데 그때는 그들이 예수 앞에 나가면 즉각 문제해결을 받았는데, 지금 우리는 왜 그렇게 되지 않는 것입니까?

그것은 유대인이 믿는 믿음과 우리들이 믿는 믿음이 다르기 때문에 그렇습니다. 우리가 믿음이 좋다고 하는 사람을 보면 거기에는 믿음 플러스 정성이 들어가 있습니다.

우리나라는 오래된 종교심이 발달된 나라로 '지성이면 감천', 즉 내가 지성과 정성을 들여야 하늘이 감동한다는 것이 우리들의 종교관이고 신앙관입니다.

그러나 우리 기독교는 우리의 정성하고는 전혀 관계가 없습니다. 우리 기독교는 은혜, 하나님께서 우리에게 선물로 주시는 것을 우리가 깨닫고 받기만 하는 것이 하나님이 원하시는 믿음입니다. 우리는 이런 믿음에 정성이 들어가야만 믿음이 좋다고 생각하기 때문에, 바로 그 부분에서 하나님이 원하시는 온전한 믿음을 갖지 못하는 것입니다.

은혜는 선물이라는 뜻으로 선물은 주는 사람이 주고 싶은 사람에게 주는 것입니다. 그러므로 받는 사람의 입장에서는 그것이 귀하다는 것을 알고 선물을 주는 분이 선물을 가지고 왔을 때 "그 선물이 나한테 꼭 필요합니다." 하고 선물을 받으려고만 하면 됩니다.

그러나 우리나라 사람들은 워낙 귀신문화와 이방 종교의 문화에 익숙합니다. 그래서 우리는 선물보다 뇌물에 익숙합니다. 남의 집에 갈 때 장미꽃 한 송이를 가져간다거나 집에서 쿠키를 좀 구워서 가져가면 초대한 사람은 '저 사람이 나를 어떻게 알고 저런 걸 가지고 와?' 하면서 기분 나빠합니다.

우리는 뇌물 문화에 익숙해 있기 때문에 뭔가 큰 것, 감동받을 만한 것, 마음에 드는 것을 가져와야 기분이 좋고 자기를 알아주는 것 같습니다.

그러나 선물문화는 그렇지 않습니다. 선물은 마음이니까 마음의 정성을 표현하는 것이 중요합니다. 기독교 역사가 오래된 나라일수록 선물문화가 잘 발달되어 있습니다.

그런데 기독교 역사가 없는 나라, 귀신문화가 오래된 나라는 전부 뇌물문화가 발달되어서 무얼 바쳐야만 되는 줄 압니다. 잘못된 종교관에서 비롯된 현상입니다.

그래서 우리나라 정권이 바뀔 때마다 문제되는 게 뇌물사건입니다. 우리나라 사람들은 예수 안 믿으면 뇌물사건이 끝까지 일어날 수밖에 없습니다.

그러나 하나님께서 주신 은혜는 선물입니다. 우리에게 주시고 싶어서 주시는 것이니까 우리는 아무런 노력도 하지 않고 "주세요." 하면 받을 수 있는 것이 선물입니다.

죄 용서의 권한은 오직 하나님께만 있습니다.

구원과 죄 용서는 우리 인간의 노력으로 이루어지는 것이 아닙니다. 죄 용서해 주실 수 있는 권한은 하나님밖에 없습니다. 그분이 용서해주고 싶은 마음이 있어야 용서받는 것이지, 우리가 아무리 노력을 해도 용서받을 수 없습니다.

우리가 하나님 앞에 죄를 저질렀기 때문에 그 죄를 용서해 줄 수 있는 권한은 하나님 한 분밖에 없습니다. 그러니까 그분이 용서해 주고 싶은 마음이 들어야 용서받을 수 있는 것이지, 우리가 어떤 노력을 해도 하나님이 용서해 주시지 않으면 어느 누구도 용서받을 수 없는 것입니다.

처음부터 범죄하였던 마귀가 있습니다. 하와를 꾀어 선악과를 따먹게 했던 원흉, 하나님이 주신 직분을 최초로 거역했던 그 마귀는 하나님이 절대로 용서하지 않습니다. 그래서 마귀는 끝까지 지옥에 보냅니다.

그런데 하나님께서 마귀에게 속아 죄지은 우리 인간들에게는 하나님이 용서하리라고 하셨기 때문에 우리가 용서받을 수 있는 기회를 얻게 된 것입니다. 무조건 용서하는 게 아니라 용서해 주고 싶은 사람만 용서하십니다.

구약에는 이스라엘 백성들만 나중에 예수가 오심으로 용서받게 되었고, 이스라엘 외의 백성들은 어떤 사람도 용서받지 못했습니다. 오늘날도 마찬가지입니다. 2천 년 전에 예수님이 오셨다가 가셨지만, 그렇다고 해서 모든 사람에게 하나님이 다 용서를 베푸시는 것은 아닙니다.

구원과 용서는 선물이기 때문에 주시고 싶은 사람에게만 주실 수 있습니다. 누구나 다 선물받는 것은 아닙니다. 선물은 주는 사람이 받을 사람을 선택할 권리가 있음을 아셔야 합니다.

예를 들어, 제가 아주 귀한 선물 100개를 준비해서 누구를 줄까 하는 것은 선택할 수 있습니다. 여러분에게 하나씩 줬다고 해서 여기 참석하지 않은 사람이, "그들은 주고 나는 왜 안 줍니까?" 하고 따질 수 있습니까? 그렇다고 그 사람이 불평등하다고 고소할 수 있습니까?

선물이라는 것은 그런 것이 아닙니다. 오늘날이라고 예수의 복음을 다 들을 수 있고, 다 천국 가는 은혜를 받는 건 아닙니다. 그래서 우리가 유대인들은 무엇을 죄라고 생각하는지, 그리고 우리의 죄는 어떻게 하면 용서받을 수 있는 것인지, 또 우리의 육체가 겪고 있는 고통과 저주의 원인이 무엇인지를 유대인의 문화, 유대인이 가졌던 믿음을 가지고 생각해야 합니다.

그것만 이루어지면 우리도 예수님 앞에 나갔을 때 죄도 바로 용서받을 수 있고 또 죄 때문에 왔던 육체의 저주도 그 자리에서 해결받을 수 있습니다.

제가 성도들의 상담을 오래합니다. 그 사람에게 유대인이 가지고 있는 믿음을 심어주기 위해서 상담을 하는 것입니다.

죄는 이런 것이고, 왜 예수를 믿어야 하는지, 이런 것들을 충분히 설명해서 그 사람으로 하여금 성경에 나타난 유대인들이 가졌던 그 믿음을 가질 수 있도록 합니다. 그래야 안수해 줄 때, 그들이 하나님의 은혜로 문제를 해결받을 수 있기 때문입니다.

본문에 중풍병자의 친구 네 사람이 중풍병자를 들것에 뉘어서 가버나움 회당 앞에 왔습니다. 워낙 사람들이 많이 모였으니까 중풍병자를 들것에 뉘어서 회당 안으로 데리고 들어갈 수가 없었습니다.

그러나 다섯 사람이 포기하지 않고 '예수님을 만나야 한다.'는 의지로 지붕으로 올라가서 지붕을 뚫고 줄을 매달아 중풍병자를 밑으로 내립니다. 예수님이 설교하시며 병을 고치고 계시는데, 지붕이 뚫리더니 줄에 매달린 들것이 내려오는 상황이 발생했습니다.

여기서 알아야 될 것은 중풍병자가 어떤 믿음을 가졌는지 알아야 합니다. '성경에 오시리라고 했던 예수님은 하나님으로서, 나의 죄를 용서해 주시는 분이며 죄에서 구원하시는 분이다. 내가 그분 앞에만 나가면 그분의 은혜로 병도 고침받을 수 있다.' 그는 바로 이 믿음을 가지고 있었습니다. 그때 그분이 가버나움 회당에 오셨다는 소식을 들었습니다. 그래서 친구들과 함께 예수님을 만나러 나간 것입니다. 그런데 혼자 못 가기 때문에 친구 네 사람이 들것에 메고 갔습니다.

여러분들도 평소에 좋은 친구를 사귀어야 합니다. 믿음은 들음으로 납니다. 좋은 친구가 옆에서 복음을 전해야만 듣는 것이지 여러분들 속에서 복음이 우러나지 않습니다.

누가 여러분들에게 예수 믿으라고 권하면 그는 좋은 친구임을 알아야 됩니다. 예수 믿으라고 하는 사람들은 그 사람의 환경을 보지 않고, 상대방이 어려울 때 더 가까이 가서 더 친해지려고 합니다.

세상에서는 어떻습니까? 세상에서는 좋을 때는 친구지만 내가 어려움을 당하면 다 떠나갑니다. 예수 믿는 사람들은 아는 사람이 어려움을 당하면 가까이 다가가서 도우려고 합니다.

어떤 친구가 진짜 친구인가를 잘 알아야 합니다. 예수 믿는 사람들은 어려움을 당했을 때 친구가 되어 줍니다. 예수 믿는 사람들은 사람이 죽었을 때 교회에서 장례 다 치러주고 교회 식구들이 가서 손님 맞고 조문객들 맞고 합니다.

절에서 장례를 치르려면 돈이 엄청나게 듭니다. 목탁 칠 때마다 돈입니다. 게다가 목탁도 스님의 급수에 따라 돈이 달라집니다. 200만원짜리, 500만원짜리, 700만원짜리, 또 그 이상의 스님이 있어서 각각 돈대로 옵니다. 그리고 이것으로 끝이 아니고 49재(齋)다 뭐다 해서 계속 돈이 들어갑니다.

그런데 우리 기독교에서는 성도들이 가서 봉사하고, 임종예배 · 입관예배 · 발인예배 · 하관예배 등 예배를 네 번씩이나 드리고, 장지까지 다 주관하고도 교회에서는 돈을 받지 않습니다. 교회는 궂은 일이 있을 때 오히려 그 빛을 발합니다. 어려움을 당하면 성도들이 가서 기도해 주고 위로해 주고 소망을 줍니다. 좋은 친구를 만나야 합니다.

중풍환자가 내려오자 예수님께서 이 중풍병자를 보시고 말씀하셨습니다.

"안심하라, 소자야! 네 죄 사함을 받았느니라."

우리가 일반적인 눈으로 볼 때에는 '중풍병을 고치러 왔는데, 무슨 죄 사함을 받았다고 먼저 말씀하시는가?'라고 생각할 수 있습니다. 그러나 육체에 중풍병이 걸린 것은 영의 죄 때문에 그 죄의 저주로 중풍병이 나타났기 때문에, 영이 먼저 죄 사함을 받으면 중풍병은 떠나간다는 것입니다. 그래서 예수님께서 "네 죄 사함을 받았느니라." 하신 것입니다.

순서가 있습니다. 문을 열어야 방 안으로 들어갈 수 있듯이, 그 영의 죄를 사해 주어야 그 죄 때문에 왔던 중풍병이 떠나갑니다.

새가 나뭇가지에 앉아 있습니다. 이 가지를 죄라고 하고 나

뭇가지에 앉은 새를 중풍병이라고 하겠습니다. 중풍병은 죄가 있기 때문에 죄의 가지에 앉은 것입니다.

그런데 이 죄의 가지를 '딱' 잘라버리면, 이 죄의 가지에 앉았던 새는 그냥 '훅' 하고 날아가게 되어 있습니다. 이 원리를 잘 알아야 합니다.

제가 우리 교회의 많은 사람들의 병을 하나님의 은혜로 고쳤습니다. 제가 어떤 기술이 있어서 침을 놓거나, 주사를 놓거나, 약을 줘서 고친 것이 아니라 예수 믿으러 나온 사람들에게 이 원리를 통해서 믿음을 심어 주었기 때문에 많은 병자들이 고침을 받은 것입니다. 유대인이 가졌던 믿음을 심어 준 것뿐입니다.

성경에 나타난 사람들이 예수 앞에 나갔을 때 바로바로 고침을 받은 은혜를, 우리도 유대인들이 가졌던 믿음만 가지면 가능하다는 것입니다.

우리는 하나님의 말씀을 어겼기 때문에 하나님 앞에 죄인이므로 우리들은 하나님 앞에서만 용서받을 수밖에 없다는 것과 죄를 위해서 대신 죽으신 분, 예수님이 우리의 죄를 대속해 주시고 갚아주셨다는 그 사실만 믿으면 우리는 하나님 앞에 저질렀던 죄를 용서받을 수 있는 것입니다.

그리고 그 죄 때문에 왔던 육체의 저주도 죄가 떠나갈 때 즉시 떠나갈 수밖에 없다는 사실을 어린아이처럼 순수하게 믿는 믿음만 가지면, 여러분도 얼마든지 예수의 공로로 말미암아 구원을 받을 수 있습니다.

나뭇가지가 있으니까 새가 앉은 것입니다. 나뭇가지를 딱 잘

라버리니까 이 새가 앉을 곳이 없어서 날아가 버립니다. 예수님께서 "소자야, 네 죄 사함 받았느니라." 하고 죄를 사해주시고 "일어나 네 상을 들고 걸어가라."고 하셨습니다.

죄 사함을 받았기 때문에 죄 때문에 온 중풍병으로 고통받을 필요가 없으므로 이젠 중풍병자가 아니라는 것입니다. "일어나라." 했을 때 믿음으로 일어나면 일어나는 것입니다. 그리고 자기가 누웠던 상을 가지고 나가면서 하나님께 영광을 돌리는 것입니다.

진리는 어렵지 않습니다. 절대로 하나님은 우리에게 어려운 것을 내주거나 어렵게 말씀하시지 않으십니다. "죄 사함을 받으라."에서의 그 죄는 우리 영이 하나님의 말씀을 어겼던 원죄를 말합니다.

인간들은 영이 유전되어 우리 모두는 하와가 아담의 갈비뼈에서 나온 것처럼 아담의 육체에서 분리된 것뿐입니나. 영은 한 영인데 육체들이 계속 분리되어 나왔던 것입니다. 그러니까 영은 다 똑같은 영입니다. 그런데 그 영이 범죄했습니다.

그렇기 때문에 모든 인간들은 육체만 분리되었을 뿐 다 죄인인 것입니다. 이것을 원죄, 하나님 앞에 죄라고 합니다. 그래서 영의 죄를 사함받지 못하면 그 영혼이 하나님 앞에 심판받습니다. 육체는 세상 법이나 양심·종교로 심판할 수 있지만 영의 심판은 오직 하나님만이 하실 수 있습니다. 우리 영혼의 죄를 용서받지 못하면 끝까지 심판을 받아야 됩니다.

그래서 우리가 '예수 믿고 구원받아라', 즉 예수 믿고 죄 용서받으라고 합니다. 물론 이 죄 용서에는 원죄, 우리가 마음으로 지은 고범죄, 육체로 지은 자범죄까지 다 포함됩니다. 그래서 예수만 믿으면 모든 죄를 다 용서받는 것입니다.

6~7절에 보니까 "어떤 서기관들이 거기 앉아서 마음에 의논하기를 이 사람이 어찌 이렇게 말하는가 참람하도다 오직 하나님 한 분 외에는 누가 능히 죄를 사하겠느냐"라고 했습니다.

서기관들은 이스라엘에서 율법을 연구하는 사람들입니다. 이 사람들은 자기들이 저지른 죄는 하나님의 말씀을 어긴 것이니까 하나님만이 사할 수 있다는 믿음을 가지고 있습니다.

그렇게 말하니까 8~9절에 "저희가 속으로 이렇게 의논하는 줄을 예수께서 곧 중심에 아시고 이르시되 어찌하여 이것을 마음에 의논하느냐 중풍병자에게 네 죄 사함을 받았느니라 하는 말과 일어나 네 상을 가지고 걸어가라 하는 말이 어느 것이 쉽겠느냐"라고 말씀하셨습니다.

여러분, 어느 것이 더 쉽겠습니까?

유대인들은 죄 사함은 하나님만이 하실 수 있기 때문에 이 세상 방법으로는 불가능하다고 생각합니다. 물론 특별한 경우에 좋은 의사나 약으로 중풍병은 고침받을 수 있을지 모르지만 죄 사함받는 것만은 불가능한 일이라는 것입니다. 이건 하나님만이 할 수 있는 일인 것입니다.

그러면서 10절에 "그러나 인자가 땅에서 죄를 사하는 권세가 있는 줄을 너희로 알게 하려 하노라."고 하셨습니다. 죄를 사함받는 것은 불가능한 일이지만, 인자인 내게 땅에서 죄를 사하는 권세가 있는 줄을 너희에게 알게 하겠다는 말씀입니다. 다시 말하면 내가 하나님이라는 것입니다. 그래서 예수를 하나님이라고 믿는 것입니다.

이어 11~12절에 "내가 네게 이르노니 일어나 네 상을 가지고 집으로 가라 하시니 그가 일어나 곧 상을 가지고 모든 사람 앞에서 나가거늘 저희가 다 놀라 영광을 하나님께 돌리며 가로되 우리가 이런 일을 도무지 보지 못하였다 하더라."고 했습니다.

이 말씀과 사건은 오늘 우리도 이런 믿음을 가지면 죄에서 사함받을 수도 있고, 또 죄 때문에 온 육체의 저주도 훌훌 털어 버릴 수 있기 때문에 우리에게 이런 사건을 보여주신 것입니다.

제가 전에 경기도 양평 용문 근처에 지평이라는 곳에 심방을 간 적이 있었습니다. 제가 왔다고 하니까 앉은뱅이 남자 한 분을 모시고 와서 안수를 해달라고 했습니다. 그래서 제가 먼저 그분에게 유대인이 가지고 있는 믿음을 심어 주었습니다. 믿음이 없으면 아무리 안수를 해 줘도 소용없는 일이기 때문입니다.

2시간 동안 복음을 전하고 나서 마지막에 이제 예수님을 믿겠느냐고 물었더니 믿겠다고 대답하였습니다. 성전 미문에 앉아서 구걸하는 앉은뱅이가 베드로와 요한에게 뭘 좀 달라고 구걸할 때, 베드로와 요한이 '내가 네게 은과 금을 줄 것이 없지만 내게 있는 것을 네게 주노니 나사렛 예수 이름으로 일어나 걸어라.' 하고 잡아 일으키자, 그 사람이 발목에 힘을 얻어 걷고 뛰며 하나님께 영광을 돌렸습니다.

바로 그 앉은뱅이가 갈급한 심정으로 베드로와 요한을 사모

하는 마음으로 바라볼 때, 베드로가 성령의 감동으로 나사렛 예수의 이름으로 일어나 걸으라고 했던 것입니다. 그때의 앉은뱅이는 유대인이니까 메시아에 대한 믿음을 가지고 있었습니다.

저는 그 앉은뱅이에게 그런 믿음을 확인했습니다. 그럴 수밖에 없는 게 제가 거기서 그냥 가버리면 혹시 이런 기회가 또 없을 수도 있으니까 그분은 갈급한 마음을 갖고 있었습니다.

그래서 제가 "내가 나사렛 예수의 이름으로 명하니 일어나라!"고 명령했습니다. 그랬더니 이 사람이 깜짝 놀라서 벌떡 일어났습니다. 그래서 제가 "뛰어라!" 그랬더니 또 놀라서 뛰는 것이었습니다.

믿음으로 일어나라는 말씀에 순종한 것입니다. 다른 게 아닙니다. 바로 죄 사함입니다. 예수 믿고 구원받은 믿음만 있으면 지금도 성경에 나타난 일을 경험할 수 있습니다.

앉은뱅이로 고통받는 것은 바로 죄 때문이고 예수님이 이 땅에 오신 것은 죄에서 용서하기 위해서 오셨다는 사실을, 당신이 예수 믿은 것은 바로 죄에서 용서받기 위함이라는 것을 믿기만 한다면 얼마든지 일어날 수 있습니다.

죄 용서받는 것과 앉은뱅이가 일어나는 것 중 어느 것이 더 어렵겠습니까? 죄 용서받는 것이 어렵다는 사실을 알아야 합니다. 우리는 거꾸로 앉은뱅이가 일어나는 것이 어렵고 죄 용서받는 것은 쉽다고 생각합니다. 그러니까 우리는 엉터리 믿음, 잘못된 믿음을 가지고 있는 것입니다. 우리는 유대인이 가지고 있는 믿음을 가져야 됩니다.

죄 용서는 인간의 노력으로 절대로 불가능한 일입니다. 예수가 죽지 않으면 이루어지지 않는 일이 죄 용서입니다. 하나님이 예수를 보내서 십자가에 못박혀 죽게 하신 것입니다. 앉은뱅이가 일어서는 것, 암 같은 불치병도 의사만 잘 만나면 고칠 수 있는 일입니다. 그러나 죄 용서만은 하나님의 은혜를 받아야만 받을 수 있습니다.

그래서 내가 예수 믿고 하나님 앞에 저지른 죄를 하나님의 은혜로 용서받았다는 믿음을 가지고 있는 사람은, 육체의 죄 때문에 얻은 저주는 그냥 떠나가게 됩니다. 마치 나뭇가지가 꺾어지면 새가 '훅' 하고 날아가듯이 반드시 떠나가게 되어 있습니다.

그리고 영의 죄를 용서받으면 그다음부터 마음의 두려움이나 걱정이나 그런 것이 떠나갑니다. 죄 없는 사람은 길에 다니면서 경찰을 봐도 두려울 것이 없지만, 운전하다 신호를 어긴 후 경찰을 보면 가슴이 덜컹 내려앉습니다.

부끄러운 일이지만 제 차에는 십자가 등 기독교인이라는 표시를 하지 않습니다. 우리나라와 같은 도로 환경에서 교통법규를 100% 지키고 운전한다는 것이 어렵습니다. 가능한 교통법규를 지키려고 노력하지만 어쩌다가 한 번쯤은 '휙' 하고 어길 때가 있습니다.

그런데 제가 제 차에 물고기 모양을 붙이거나 십자가를 걸어놓은 것을 다른 사람이 볼 때, 그들이 어떻게 생각하겠습니까? 예수 믿는 것들이 신호를 어긴다고 욕하지 않겠습니까? 그러면서 손가락질을 하기 때문에 저는 예수 믿는 표시를 하지 않고 다닙니다. 부끄럽지만 제가 완벽하지 못하기 때문에 단 한 번이라도 예수님의 이름에 누를 끼칠 수도 있기 때문입니다. 그렇다고 걸고 다니지 말라는 게 아닙니다. 그런데 혹시라도 십자가나 물고기 표시가 교통사고를 막아준다거나 나를 모든 위험에서 지켜줄 것이라고 생각한다면 없애야 합니다.

내가 기독교인이라는 표시로 그런 것을 달고 다니는 것은 괜찮지만, 이것이 나를 지켜준다는 그런 믿음을 가지고 있으면 그건 우상입니다. 잘못된 믿음입니다.

요즘 십자가 목걸이를 많이 하고 다니는데 십자가는 로마시대에 이방인들을 처형하는 형틀이었습니다. 이런 것을 모르고 십자가를 걸고 다니면 형틀을 걸고 다니는 것입니다. 십자가는 기독교인이 십자가에서 이루신 그 예수 그리스도의 그 은혜를 잊지 않기 위해서 달고 다닐 수 있습니다.

교회에 십자가가 걸려 있는 것은, 저 십자가에서 예수님이 우리의 모든 저주를 다 짊어지시고 대신 죽으시고 부활하셨으므로 십자가의 도를 생각하자는 의미에서 있는 것입니다. 어떤 사람은 잠이 오지 않을 때 성경책을 베고 자면 잠이 잘 온다고 합니다. 바로 그게 기독교가 미신이 되는 것입니다.

성경에 기록된 말씀을 성령의 감동하심과 믿음으로 읽지 않으면, 나와 아무 상관이 없는 그냥 책일 뿐입니다.

옛날에 쪽복음이라는 것이 있었습니다. 마태복음·마가복음·누가복음·요한복음 등을 낱권으로 만든 쪽복음을 선교사들이 나눠주었는데, 종이 재질이 보들보들하고 참 좋았습니다.

지금처럼 화장지가 흔하지 않을 때니까 쪽복음을 받아서 화장실에 두고 사용하곤 했습니다.

만일 그 쪽복음이 신비한 능력을 가지고 있다면 그때 쪽복음으로 화장실에서 마무리한 사람들은 다 항문에 치질 등 이상이 생겼을 것입니다. 하지만 쪽복음도 그냥 종이일 뿐이므로 모르고 사용한 사람들에게 병이 안 걸리는 것입니다.

중요한 것은 종이가 아니라 예수를 믿는 믿음입니다. 믿음은 어떤 행위를 요구하지 않습니다. 우리가 이런 사실을 깨닫고, 정말 내가 죄인이라는 것이 하나님의 말씀을 어긴, 하나님 앞에 죄인이라는 뜻임을 알아야 합니다.

어떤 사람은, 하나님께서 선악과를 따먹지 말라고 하신 말씀을 한 번 어겼다고 그것 때문에 인간들이 지옥에 가고, 사망하게 되고 또 육체에 저주가 나타나느냐고 따지며 그렇게 잔인한 하나님이 어디 있느냐며 불평을 하기도 합니다.

우리는 말 한마디 어기고 맘대로 해도 아무렇지 않게 생각하기 때문입니다. 그러나 요한복음 1장 1~3절에 "태초에 말씀이 계시니라 이 말씀이 하나님과 함께 계시니 이 말씀은 곧 하나님이시니라."고 하셨습니다. 하나님께서는 그 말씀이 곧 하나님이라는 것입니다.

하나님의 말씀은 생명입니다.

그리고 요한복음 6장 63절에 "내가 너희에게 이른 말이 영이요 생명이라.", 즉 하나님께서는 당신의 말씀이 생명이라고 하셨습니다. 제가 말하는 것은 들어도 그만, 듣지 않아도 그만이지만 하나님께서는 그 말씀이 하나님이라고 하시는 것입니다.

가령 대법원에서 사형 확정판결을 받은 사람이라도 대통령이 특별사면법을 내려 '사면' 하면 살아날 수 있지만, 우리가 '사면'이라고 아무리 말을 해도 살 수가 없습니다. 말로는 똑같은 '사면'이지만 누가 말하느냐에 따라 권위가 다릅니다.

우리 입장에서 생각하니까 그까짓 말 한 마디를 어겼다고 이렇게 생각할 수 있지만, 하나님 입장에서는 그 말씀이 곧 하나님인 것입니다.

하나님께서 우리 같은 것들에게 대화하셨다는 것은 우리들을 그만큼 높여주신 것입니다.

'하나님이 사람을 흙으로 지으시고'에서 흙이라는 것은 먼지를 뜻합니다. 사람이 죽어서 화장을 하면 티끌로 날아가 버립니다. 먼지 같은 것들을 하나님의 형상과 모양대로 만드시고 영원히 사는 생령 되게 해주시고 말씀도 주시고 대화하셨습니다.

그러면 먼지 같은 우리 입장에서는 얼마나 큰 은혜를 받은 것입니까?

그런데 우리 인간이 그런 대우를 버리고 있기 때문에 죄라고 하는 것입니다. 그 말씀은 영에게 주신 계명입니다. 하나님의 말씀은 법이요, 능력이기 때문에 그 말씀에 순종하느냐, 불순종하느냐에 따라서 구속력이 따릅니다.

하나님의 말씀은 권면이 아닙니다. 해도 그만, 하지 않아도 그만인 것이 아니라 명령입니다. 그래서 여러분들이 하나님 말씀을 대할 때, 그런 사실을 알고 대해야 하는 것입니다.

우리가 사람의 입장에서 생각하니까 말씀을 어기는 것이지만 하나님은 그렇지 않습니다. 그래서 그 영에게 주신 '선악과를 따먹지 말라. 먹는 날에는 정녕 죽으리라.'는 말씀에서 정녕 죽는다는 것은 하나님과 함께 살 수 없다는 것을 뜻합니다. 그것을 사망이라고 합니다.

인간들은 그 사망 때문에 육체에 저주가 왔습니다. 죄짓고 에덴동산에서 쫓겨나서 가인과 아벨을 낳았는데, 큰아들이 작은 아들을 죽이는 저주를 보게 됩니다. 인간들에게 그때부터 극심한 가난·살인, 갖가지 질병들이 나타나게 되었습니다. 모든 병의 원인은 죄, 그리고 그 죄를 집어넣어 준 마귀가 모든 질병의 원인입니다.

본문의 중풍병자는 그 질병의 원인이 죄였기 때문에 예수님께서 "소자야, 네 죄 사함을 받았느니라." 하면서 죄를 사해주니까 그 중풍병은 떠나갈 수밖에 없는 것입니다.

어떤 사람들은 안수받고 나서 "나았습니다." 그러면 "아멘!" 하고 믿어야 되는데, "목사님, 한 번만 더 안수해 주세요. 여기가 조금 남은 것 같아요"라고 합니다.

벌써 틀렸습니다. "나았습니다." 그러면 "아멘!" 하고 통증이 남아 있더라도 나았다고 믿어야 되는 것입니다.

우리 교회에서 신앙생활하면서 소아마비였던 다리를 치료받은 황 집사님의 이야기를 하겠습니다. 예수의 이름으로 명령하고 나서 운동을 시켰습니다. 지하 교회에서 1층, 2층으로 "뛰어!" 하면 계단을 뛰어 올라가고 뛰어 내려오고, 교회 복도를 뛰는 것입니다.

예수님께서 다리를 치료해 주신 것을 믿기 때문에 "걸어라!" 하면 걷고 "뛰어라!" 하면 뛰는 것입니다. 그건 믿음 있는 사람만 가능한 것입니다. "뛰게 해 주세요."가 아니라, 믿음이 있으면 스스로 걷고 스스로 일어나서 뛰라는 것입니다. 할렐루야!

내가 예수 믿는 것은 구원받기 위함인데 구원받는다는 것은 하나님 앞에 저질렀던 죄를 용서받는 것이고, 그 죄를 용서받으면 그 죄 때문에 왔던 나의 육체의 저주는 떠나간다는 믿음을 "아멘." 하고 마음속에 받아들이면서 믿음으로 고백하는 사람들에게 그 죄의 저주는 떠나가게 되어 있습니다. 절대로 그 저주가 앉아 있을 수가 없습니다.

마치 나뭇가지를 잘라 버리면 앉았던 새가 날아갈 수밖에 없듯이, 여러분들도 그런 믿음을 가져야 됩니다.

기드온 성경대학을 졸업할 때 몇 사람이 간증을 합니다. 그런데 많은 사람들이 기드온 성경대학을 듣는 중에 자기의 고질병이 떠나갔다는 간증을 합니다. 어떤 분은 우리 교회에 와서 말씀을 듣고 항상 아팠던 어깨의 통증이 떠나갔다고 합니다.

여러분들이 이런 확실한 믿음만 가지면 진행되는 질병이라도 반드시 떠나가게 되어 있습니다. 그리고 극심한 가난, 아무리 해도 벗어나지 못하는 가난 역시 이 사실만 믿고 있으면 신기하게 떠나갑니다.

바로 죄 때문에 우리의 영은 사망하고 육체는 저주받았지만, 하나님께서 보내신 예수 그리스도를 믿으면 우리가 죄 용서받기 때문에 저주가 떠나는 것입니다. 그것이 은혜입니다.

이것은 내가 노력해서 받는 것이 아니라는 사실을 알고 마음으로 믿을 때, 내가 저질렀던 하나님의 말씀을 어긴 영의 죄는 예수님이 대신 죄를 갚아 주심으로 내가 죄를 사함받고 죄 때문에 왔던 육체의 저주는 떠나갈 수밖에 없다는 것을 알아야 합니다.

왜 예수님께서 "소자야, 네 죄 사함을 받았느니라."고 먼저 말씀하셨는지를 깨닫고, "아멘!" 하고 "나에게 절대로 필요해." 하면서 마음을 열고 예수 그리스도를 믿는 믿음을 선물로 받아들이기만 하면, 그 순간 죄의 가지가 부러지고 가지에 앉아 있던 저주는 앉을 자리가 없기 때문에 '훅' 하고 떠나갈 수밖에 없는 것입니다.

여러분은 절대로 지옥에 못 갑니다. 영혼의 죄를 사함받았기 때문에 하나님의 심판을 받지 않습니다. 죄 지은 사람이 법의 심판을 받는 것인데 우리가 하나님 앞에 저질렀던 모든 죄를 용서받았으니까 하나님의 심판을 받지 않고 언제 죽어도 천국에 가는 것입니다.

사람은 갑자기 죽을 수도 있습니다. 우리 교회에 다니다 미국에 간 이 집사님의 시아버지가 갑자기 심장마비로 세상을 떠났습니다. 그런데 이 며느리는 시아버지가 어려우니까 복음을 전하지 못하고, 우리 시집 식구들 구원받게 해달라고 항상 기도만 했습니다. 그래서 시어머니는 한국에 올 때마다 우리 교회에 와서 예배를 드리더니 예수를 믿게 되고, 기드온 성경대학 테이프를 열심히 들으시고 믿음이 좋아졌는데 시아버지는 어려우니까 복음을 전하지 못했습니다.

그런데 갑자기 쓰러졌다는 소식을 듣고 병원으로 달려가면서 "하나님 아버지, 우리 아버님이 1분만 더 살아 있게 해 주세요. 그러면 그 시간에 복음을 전하겠습니다." 하고 기도했지만 이미 쓰러질 때 돌아가셨답니다. 갑자기 돌아가시니까 복음을 전할 수 있는 기회를 잃어버렸습니다.

그래서 장례를 치르고 한국에 와서는 저한테 자기가 한 번이라도 시아버지한테 복음을 전했으면 후회하지 않을 텐데, 어려워서 복음을 전하지 못한 게 마음이 너무나 무겁다는 것입니다. 이렇게 갑자기 돌아가실 줄 생각이나 했겠느냐는 것입니다.

우리가 복음을 들을 수 있는 것도 하나님의 은혜입니다. 아무나 듣는 것이 절대로 아닙니다. 하나님은 선물을 아무에게나 주시지 않습니다.

이것은 너무나 귀한 것이기에 우리가 이런 선물을 받을 때, 이것은 정말 너무나 귀한 것으로 인간의 노력으로 절대로 받을 수 없는 것, 우주를 팔아도 구원받지 못한다는 사실을 알고, 여러분들이 예수 믿고 구원받은 것에 대해서 귀하게 여기셔야 됩니다. 그 믿음을 가지고 있으면 여러분은 영혼이 구원받게 되고 육체의 저주는 반드시 떠나가게 되는 것입니다. 할렐루야!

6. 죄 사함과 신유

"그들이 여리고에 이르렀더니 예수께서 제자들과 허다한 무리와 함께 여리고에서 나가실 때에 디매오의 아들인 맹인 거지 바디매오가 길 가에 앉았다가 나사렛 예수시란 말을 듣고 소리 질러 이르되 다윗의 자손 예수여 나를 불쌍히 여기소서 하거늘 많은 사람이 꾸짖어 잠잠하라 하되 그가 더욱 크게 소리 질러 이르되 다윗의 자손이여 나를 불쌍히 여기소서 하는지라 예수께서 머물러 서서 그를 부르라 하시니 그들이 그 맹인을 부르며 이르되 안심하고 일어나라 그가 너를 부르신다 하매 맹인이 겉옷을 내버리고 뛰어 일어나 예수께 나아오거늘 예수께서 말씀하여 이르시되 네게 무엇을 하여 주기를 원하느냐 맹인이 이르되 선생님이여 보기를 원하나이다 예수께서 이르시되 가라 네 믿음이 너를 구원하였느니라 하시니 그가 곧 보게 되어 예수를 길에서 따르니라"(막

10:46~52).

하나님은 반드시 죄악을 심판하십니다. 하나님 앞에 죄악을 저지르면 누구나 심판을 받습니다. "만인은 법 앞에 평등하다."는 법의 정신을 생각하면 됩니다.

우리나라는 법의 형평성에 오류가 많지만 민주주의가 오래된 나라일수록 법 앞에 만인은 평등하려고 노력합니다. 그래서 미국 같은 나라는 전 클린턴 대통령이 비서인 르윈스키와 스캔들이 나자 청문회를 하고 난리가 났습니다. 대통령이라 할지라도 법 앞에서 심판을 받아야 한다는 것입니다.

만일 우리나라의 군사 독재 때 이런 일이 일어나 기사화했다면, 그 기자는 조용히 사라져 버리고 말았을 것입니다. 오랜 세월, 그런 법 앞에 살다 보니까 우리는 법에 대해서 관념이 좋지 않지만 원래 법의 정신은 만인이 평등하다는 것입니다.

법을 어기면 누구나 법의 심판을 받아야 하듯이, 하나님 앞에 죄인이면 어느 누구를 막론하고 다 심판을 받아야 합니다. 하나님 앞에 죄인이면 영이 심판을 받아야 하고, 악인이면 육체가 심판을 받는 것입니다. 원래 죄와 악은 복합명사입니다. 하나님께서 "너는 죄인이야." 하시면 영이 죄인이라는 뜻이고, "너는 악인이야." 하시면 육체적으로 악한 일을 하는 악인으로 구분하시는 것입니다.

로마서 6장 23절에 "죄의 값은 사망이니라." 하였습니다. 어느 누구를 막론하고 하나님 앞에 그 영이 범죄하고 있으면 지옥에 가서 심판을 받아야 합니다.

그런가 하면 하나님 앞에 악행을 저지르면 어느 육체든지 저주를 받습니다. 예외가 없습니다.

하나님께서는 우리 인간들의 죄를 대속하기 위해서 독생자 예수 그리스도를 보내 주셨는데, 예수 그리스도는 죄가 없으시고 악도 없으신 분입니다.

그런데 그분이 이 땅에 오셔서 인간들의 모든 죄를 짊어지시고 모든 악행도 다 짊어지셨습니다. 아들이라 할지라도 아들이 인간들의 죄악을 짊어졌기 때문에 어쩔 수 없이 십자가의 저주, 형벌을 받을 수밖에 없다는 것입니다.

하나님 아버지께서는 죄와 악이 없는 아들일지라도 인간들의 죄악을 짊어지니까 십자가의 저주를 받게 하시는데, 이 세상에 그 죄의 심판에서 벗어날 인간이 어디 있겠습니까? 아무도 예외가 없습니다.

어떤 사람들은 예수 믿고 구원받았으니까 잘못했다고 회개만 하면 용서받는다고 합니다. 그러나 육체를 가지고 반복해서 고의적으로 악행을 저지르면 하나님께서 영혼은 구원하시고 육체는 결국 심판 가운데 던져버릴 수도 있습니다.

하나님은 반드시 죄악을 심판하십니다.

결국 하나님께서 취하시는 것은 흙으로 만든 육체가 아니고 우리의 영혼입니다. 육체는 어차피 이 세상에 반납하고 갈 것입니다. 죄악을 저질렀던 이 육체를 가져가는 것이 아닙니다. 걸레는 빨아도 걸레입니다. 걸레를 빨았다고 해서 행주로 쓰는 사람은 없습니다.

예수를 믿은 사람의 육체든, 예수를 믿지 않은 사람의 육체든 간에 이 육체는 땅에다 버리고 갑니다. 나중에 우리를 천국으로 데려가실 때는 죄 사함 받은 우리 영을 죄악의 경험이 한번도 없는 영의 몸으로 갈아 입혀서 하나님 나라로 데리고 올라가십니다. 이를 '육체의 부활'이라고 합니다.

저는 하나님은 죄악을 심판하시는 분이라는 것을 알기 때문에, 제가 목회자로서 육체적으로도 경건하고 거룩하게 살려고 노력하는 것입니다. 한번 죄 사함받고 끝났다고 한다면 저라고 죄 안 짓고 살겠습니까?

그러나 하나님은 반드시 죄악을 심판하신다는 사실을 너무나 잘 알기 때문에 제 육체도 어떻게 해서든지 거룩하고 경건하게 잘 보존해서, 이 세상에 살면서 어떻게 하면 하나님께 인정받는 삶을 살까 노력하는 것입니다. 여러분도 마찬가지입니다.

민주주의는 다 그렇지만 우리나라는 재판할 때에 증거우선주의입니다. 증거가 있어야 사람을 기소할 수 있고 재판할 수 있습니다. 심증만 가지고는 안 됩니다.

그런데 그 증거 중에 제일 우선하는 증거가 자백입니다. 증거가 없더라도 "내가 죽였습니다." 하면 그 자백을 제일 우선하는 증거로 채택한다는 것입니다.

예전에 자기 딸과 동거하고 있는 남자가 딸을 괴롭혀서 친정

어머니가 실수로 남자를 죽였습니다.

그러자 그 딸이 연로한 어머니를 대신해 경찰서에 가서 자신이 죽였다고 자백했습니다. 다른 물증이 필요 없이 딸을 잡아갔습니다.

나중에 친정어머니가 경찰서에 가서 사실을 자백하니 딸은 그날로 풀어 주고 친정어머니가 바로 구속되었습니다.

예수님께서도 우리 인간들의 죄와 악을 다 짊어 지셨습니다. 하나님의 아들이라 할지라도 인간들의 죄, 육체적으로 저지르는 악까지 다 짊어지시고 내가 죄인이라고 말씀하셨다는 것입니다. 하지만 장차 자신이 받아야 할 고통이 너무나 힘들기 때문에, 겟세마네 동산에서 땀방울이 핏방울이 되도록 간절히 절규하듯 기도를 하셨습니다.

그러나 하나님은 어차피 인간들을 구원하기 위해서 죽으실 수 있는 육체로 아들을 보내셨기 때문에, 하나님께서는 아들의 절규를 외면하시고 십자가에 못박혀 피 흘려 죽는 저주의 형벌에 아들을 내어 줄 수밖에 없는 것이었습니다.

하나님의 아들일지라도 이렇게 내어주셨다면, 죄 짓고 심판받지 않을 인간이 어디 있겠습니까? 악행을 저지르고 그 육체가 저주받지 않을 인간이 어디 있겠습니까? 예외가 없습니다.

그래서 우리가 '죄 사함과 신유'라는 주제로 말씀을 들으면서 조금은 심각해져야 합니다.

구약성경을 읽다 보면, 무서워서 읽어 내려갈 수가 없습니다.

노아 시대를 보니까 하나님께서 노아에게 "노아야, 방주를 짓고 방주로 들어가라. 내가 홍수로 인류를 심판할 것이다."라고 하실 때, 노아의 가족 8명만 그 말에 순종해서 방주 속에 들어갔습니다.

정말로 하늘이 뚫리더니 40일을 밤낮 없이 비가 쏟아져서 온 천지를 홍수로 다 쓸어버렸습니다. 이 얼마나 무시무시한 일입니까! 하나님이 홍수를 일으키고 심판하신 것입니다. 하나님이 택하신 이스라엘 백성이라 할지라도 하나님의 계명을 어기고 하나님 앞에 범죄하니까 예외가 없습니다.

다윗이 하나님 말씀을 어기고 백성들의 수를 계수하니까 백성들이 병에 걸려서 7만 명이 죽는 등, 이스라엘 백성이라고 할지라도 하나님의 말씀을 어기면 예외가 없습니다. 하물며 이방인들은 말할 것도 없습니다.

하나님께서 여리고성을 정복하라 하시고 여리고성 안의 많은 이방인들과 남녀노소를 막론하고 다 죽이라고 했습니다. 짐승까지도 다 죽이라고 했습니다. 아말렉 군대를 치면서 아말렉에 있는 남녀노소와 거기에 있는 동물까지도 다 죽이라고 했습니다. 하나님은 죄악을 심판하시는 하나님이라는 사실을 구약성경을 통해서 우리에게 보여주신 것입니다.

오늘날도 마찬가지입니다. 구원받지 못하고 사는 사람들은 예외가 없습니다. 다 지옥의 형벌입니다. 악행을 저지르면 불신자들은 세상 법의 심판을 받습니다. 예수 믿는 자들일지라도 계속해서 계명을 범하면 그 육체는 하나님의 심판을 피할 수가 없습니다.

이렇게 하나님은 죄악을 반드시 심판하시는 분이십니다. 이 사실을 보여주신 것이 예수 그리스도의 십자가 죽으심입니다.

이스라엘 백성들은, 자신들이 하나님 앞에 죄인이라는 사실을 깨닫고 하나님께서, '인간들을 구원하기 위해서 내 아들을 보낼 것이다.'라고 하신 하나님의 구원의 약속을 믿고 계속 기다렸습니다.

아담이 범죄하고 쫓겨난 후 가인과 아벨이 태어났습니다. 가인이 아벨을 쳐 죽였습니다. 가인이 아벨을 죽일 때 하나님께서 "가인아, 죄의 소원은 네게 있으나 너는 그 죄의 소원을 다스릴지니라."고 말씀하셨습니다.

다시 말하면 영이 범죄하니까 그의 마음속에 동생을 시기·질투해서 동생을 죽이겠다는 악심이 들었습니다. 하나님께서는 그 악심을 다스리라고 하셨으나 가인은 결국 그것을 악행으로 옮겼습니다. 이것이 오늘날 죄를 짓고 죄인으로 살아가는 사람들의 마음과 육신의 상태를 그대로 표현하는 것입니다.

영이 죄인인 사람들의 마음의 상태와 육체의 상태를 그대로 드러낸 게 가인의 죄악이란 것입니다. 그러니까 아담이 하나님의 말씀을 어긴 영의 죄인이기 때문에 하나의 영에서 육체가 계속 분리되어 태어나는 인류의 후손은 영적으로 다 죄인인 것입니다.

하나님께서 사람을 택하여서 그들에게 하나님 말씀을 주십니다. 하나님께서 아브라함을 택하셨는데 아브라함은 히브리 민족의 조상입니다. 그래서 이스라엘 사람들은 아브라함을 '아버지'라 부릅니다. 아브라함이 이삭을 낳고 이삭은 또 야곱을 낳았습니다.

그리고 열두 지파가 생기고, 열두 지파 중에서 요셉이 애굽으로 팔려가고 애굽에서 430년 동안 종살이를 합니다. 종살이하면서 그들이 바로왕에 의해서 갖은 고난과 고통을 받습니다.

바로왕이 보기에 히브리 여인들이 아기를 잘 낳다 보니까 히브리인의 수가 더 많아지면 불리해지겠다 싶어서, 산파한테 히브리 여인이 사내아이를 낳으면 모조리 다 죽이라고 명령했습니다. 히브리 민족, 이스라엘 민족의 씨를 멸족시키겠다는 상황이었습니다.

그때 하나님께서는 모세를 보내십니다. 모세를 통해 이스라엘 백성들을 구출하고 광야에서 하나님이 십계명을 주셨습니다. 십계명을 주시면서, 내 백성이므로 이제부터 십계명, 내 법을 지키라고 하십니다.

이스라엘 백성을 제외한 모든 나라들은 인간들이 만들어 놓은 법을 지킵니다. 그러나 이스라엘 민족만은 인간들이 만들어 놓은 법이 아니라 하나님이 주신 법을 지킵니다.

그래서 이스라엘 민족들은 법을 어길 때, "나는 하나님의 말씀을 어긴 하나님 앞에 죄인이구나." 이렇게 그들은 다 인정을 합니다.

도둑질을 했어도 이스라엘 백성들은 하나님께서 도둑질하지 말라는 계명을 주셨기 때문에 하나님 앞에 죄를 지은 것이 됩니다. 그들이 우상을 섬겨도 다 하나님 앞에 죄인이 됩니다.

"네 부모를 공경하라."고 하셨는데 부모를 공경하지 못하면, 세상 사람들은 부모 공경하지 못한 것이 윤리적으로 나쁘다고 말하겠지만, 이스라엘 백성들은 하나님 앞에 죄인이라고 인정한다는 것입니다.

그런데 그 계명은 하나님이 주셨기 때문에, 하나님의 말씀을 어겨서 죄를 저지를 때마다 그들의 육체는 저주를 받았습니다. 이스라엘 백성들은 이런 것을 1,500년 동안 계속 경험하면서 살아온 민족이었던 것입니다.

소경 바디매오는 날 때부터 소경이라고 했습니다. 태어날 때부터 소경된 것은 하나님 앞에 죄를 지었기 때문입니다. 바디매오는 죄가 없더라도 자기 조상 때부터 하나님의 말씀을 어긴 죄인이라는 사실을 알고 있습니다.

왜냐하면 십계명 제2계명에 보면 "우상에게 절하거나 우상을 만들면 자손 3, 4대까지 벌한다."고 하셨기 때문입니다.

그러나 이스라엘 백성들에게는 희망이 있습니다.

'내가 살아 있는 동안 우리 죄의 문제를 해결해 주시는 예수만 만날 수 있다면, 나는 죄의 문제를 해결받을 수 있고 죄 때문에 온 육체의 저주도 해결받을 수 있다.'

이런 희망을 가진 민족이 이스라엘 민족입니다. 지금도 이스라엘 민족들은 자기 나라를 해방시켜 줄 메시아를 기다리고 있습니다. 그들은 2천 년 전에 오신 예수를 선지자 중의 한 사람으로 생각하지 메시아라고 생각하지 않습니다. 만일에 예수님이 하나님이 보내신 메시아라면 지금 그들을 위한 시온의 왕국이 펼쳐진다고 믿기 때문입니다.

유대인들은 그 후에 예루살렘이 완전히 멸망당하고 디아스포라가 되었기 때문에 예수님을 메시아로 인정할 수 없었던 것이었습니다. 하지만 이스라엘 민족은 언제 오실지 모르는 우리의 죄를 담당하실 그분만 오시면 모든 문제가 해결된다는 소망을 누구나 갖고 있습니다.

예수만 만나면 영의 죄를 사함받습니다.

오늘 우리도 마찬가지입니다. 우리가 살아가면서 육체적으로 어려움을 당할 때, 내 영의 죄를 담당해 줄 예수만 만날 수 있다면 죄를 사함받을 수 있을 것입니다. 따라서 그 죄 때문에 온 육체의 저주도 떠나갈 수 있다는 희망과 소망을 가진 사람은 해결받을 수 있습니다.

우리 교회의 많은 분들이 질병을 고침받은 경험이 있습니다. 그분들에게 이런 사실을 가르쳐 드리고 믿음을 심어 드립니다.

교인들이 소경 바디매오가 가졌던 믿음을 갖고 제가 안수해 줄 때, 정말 그 병들이 떠나가는 경험을 하게 되었습니다.

우리 교회에 박 권사님이 계셨습니다. 교회를 수십 년 다니셨지만 시집올 때부터 두통약을 40년간 드신 분입니다. 그러나 잔류성분이 제일 많은 두통약을 많이 먹으면 나중에 돌이킬 수 없는 병에 걸리게 됩니다. 그분이 약을 오래 먹으니까 몸도 약하고 형편없었습니다.

이사 오신 후, 우리 교회에 나와서 성경공부를 하면서 '40년 동안 지긋지긋하게 나를 괴롭혔던 이 두통도 사라질 수 있겠다.'는 소망을 갖게 되었습니다. 이런 말씀을 받아들이고 안수하니까 정말 두통이 사라지고 매일 먹던 두통약도 먹지 않게 된 것입니다.

또 한 집사님도 밤에 눈만 감으면 죽은 조상들과 갖가지 것들이 꿈에 나타나 괴롭히니까, 눈감기가 무서워 잠을 못 주무시고 뜬눈으로 밤을 새우곤 했습니다. 그리고 가슴이 눌린 것 같고 답답하니까 해만 뜨면 산으로 올라가서 답답함을 벗어버리려고 애를 쓰고 신경안정제를 한 주먹씩 먹으며 너무너무 괴로워하시는 분인데, 산에 가다가 박 권사님을 만났습니다.

"교회에 다니세요?"

"네, 서울에 있는 교회에 다니는데 멀어서 잘 못 가요."

"그럼 우리 교회에 나와서 말씀 좀 들어 보세요."

그러자 그분이 우리 교회에 나와서 기드온 성경대학을 들었습니다.

들으면서 그분도 신기하게 잠 못 자던 것들이 떠나가기 시작하고, 약을 점점 줄여 나가기 시작하더니 잠도 잘 자는 것이었습니다. 그러나 워낙 겁이 많으셔서 한번에 못 끊고 점점 줄여서 한 알을 먹다 반 알을 먹게 되었습니다.

하루는 저한테 와서 이제는 약을 반 알밖에 안 먹는다고 하시는 것입니다.

"그 반 알을 뭐하러 잡수세요?"

"그래도 이것을 안 먹으면 마음이 안 놓여서요."

그래서 제가 이렇게 말씀을 드렸습니다.

"그까짓 거 먹으나 안 먹으나 똑같으니까 드시지 마세요. 그래야 괜찮으신지 안 괜찮으신지 알 수 있을 게 아닙니까? 만일 반 알을 끊어서 아프게 된다면 다시 먹으면 될 것 아니겠습니까?"

그래서 정말 반 알을 끊었습니다. 아무렇지도 않았습니다.

죄 사함과 신유는 죄의 문제임을 알아야 합니다.

이런 일들이 그냥 되는 것이 아니고 죄 사함과 신유가 죄의 문제임을 깨닫고 확실한 믿음으로 받아들여서, "아멘." 할 수만 있으면 육체의 저주는 떠나갈 수밖에 없는 것입니다.

소경 바디매오가 가졌던 믿음만 가지면 여러분도 그 예수를 만날 수 있습니다. 소경 바디매오가 그런 소망을 가지고 여리고에 있다가 예수가 지나간다는 소문을 들은 것입니다. 자기 자신에게 있어서 일생 일대의 기회이므로 그는 예수에게 소리를 지르며 알리는 것입니다.

"다윗의 자손 예수여, 나를 불쌍히 여기소서!"

우리가 오늘날 예수를 믿을 때,

"예수님은 내 저주와 모든 악 때문에 십자가에 피 흘리시기로 작정하고 오신 분이니 나는 예수님의 공로를 누리면서 죄 사함도 받고 육체의 저주도 끊어버리고 싶습니다."

이런 뻔뻔스러운 믿음을 우리도 가져야 된다는 것입니다. 예수는 나를 위해 대신 죽어 주시고 당신의 공로가 내게 은혜가 되기를 원한다는 믿음을 가지고 나아가는 자에게 "네 믿음이 너를 구원하였느니라."고 하십니다. 그러나 우리는 어떻게 그런 믿음을 갖느냐고 합니다.

이런 생각을 자꾸 하니까 예수님의 공로를 온전히 누리지 못하고 아직도 뭔가를 가지고 가는 것입니다. 차 타고 가던 사람이 짐을 머리에 이고 가던 할머니를 태워 드렸습니다.

그런데 운전을 하다 보니 할머니가 아직도 머리에 짐을 지고 앉아 계시는 것입니다.

"아니, 할머니, 왜 머리에 짐을 이고 계십니까?"

놀라서 묻자 이렇게 대답하시는 것입니다.

"어이구, 나를 태워준 것도 미안한데 어떻게 짐까지 내려놓겠수?"

이것이 오늘날 예수를 믿는다는 우리의 모습과 똑같은 모습입니다. 편하게 가시라고 태워주었으면 짐도 내려놔야 하는데 그 짐을 그냥 지고 있는 것입니다.

60년대에는 부흥회가 유행이었습니다. 농한기에 부흥회를 하면 교회 다니는 할머니들이 부흥회를 찾아다녔습니다.

부흥 강사가 첫 날은 회개하라고 합니다. 그러면 할머니들이

며느리를 괴롭힌 것 등 지은 죄들을 회개합니다.

그렇게 부흥회가 끝나고, 이웃마을 교회에서 부흥회를 하면 적적하신 할머니들은 할 일이 없으니까 또 갑니다. 갈 때 할머니들은 벌써 알고 회개할 것을 싸가지고 앞자리에 가 앉아 있습니다. 그러면 부흥강사는 첫 시간에 여지없이 회개하라고 소리칩니다. 어쩔 수 없이 또 회개를 해야 하는데 이번엔 눈물이 잘 나오질 않습니다.

그러면 부흥 강사들이 가짜로 회개하는 것 같으니까 진심으로 회개하라고 소리소리 지르면, 억지로 눈물을 짜내느라 6·25 때 죽은 남편을 생각합니다. 계속 회개만 하면서 돌아다니는 것입니다.

우리가 예수 믿는 목적은 구원이라고 했습니다. 구원은 죄 사함입니다. 예수를 믿었으면 나는 이제 죄 사함 받았다는 믿음을 가져야 하는데, 부흥강사가 회개하라고 하면, 맨날 죄의 짐을 가지고 돌아다니면서 회개하는 것을 반복하다 보니 구원의 확신, 죄 사함의 확신이 없는 것입니다.

예수님께서 이 땅에 오신 것은 우리의 모든 죄를 대속하기 위해 오셨습니다. 이를 구속, 또는 죄 사함이라고 말하는 것입니다. 우리는 이제 죄가 없는 사람들입니다. 우리가 부족한 것이 있으면 부족한 자라고 말해야 합니다.

많은 사람들이 교회만 오면 죽을 죄인이 왔다고 합니다. 죽을 죄인은 처음 예수 믿을 때에만 필요합니다. 왜냐하면 하나님 앞에 죄인이라고 인정하는 사람이 은혜를 받기 때문입니다. 그러나 와서 예수 믿었으면 그다음부터는 죽을 죄인이라고 하지 말고 "부족한 자가 왔습니다."라고 말해야 합니다.

자꾸만 죄인이라고 하면 하나님 아버지께서 속상해하십니다. 하나님이 죄인을 안 만들기 위해서 예수 그리스도를 보내 주셨음에도 불구하고, 예수 믿는 자들이 나올 때마다 "주여, 이 죽을 죄인이 왔나이다." 하면, 마귀가 옆에서 듣고 있다가 "하나님, 이 사람이 스스로 죄인이라고 시인하잖아요. 이 사람은 예수를 안 믿는다니까요. 이 사람은 내 것입니다." 하면서 자꾸만 끌고 갑니다.

부족해도 예수님이 내 모든 죄를 대속해 주셨으니까 "나는 죄인이 아닙니다." 하고 나와야 하는데, 교회에 나올 때마다 "아버지, 죽을 죄인이 왔습니다." 하니까 하나님께서는 그런 말을 들으실 때마다 가슴 아파하십니다.

예수를 믿는 사람들 입에서 죄인이라는 말을 하는 것을 하나님께서는 너무 듣기 싫어하십니다. 아들이 아버지의 말을 어기고 잘못할 수도 있습니다. 그랬다고 해서 아들이 아버지를 볼 때마다 죄인이라고 하면 아버지 마음이 어떻겠습니까?

그전에 어릴 적 아주 가난하게 살 때, 저희 집에 이모부만 오시면 먹을 것이 생겼습니다. 그분이 양구에서 방첩대장으로 근무를 하셨는데, 잉어도 잡아오고 노루도 잡아오니까 가난한 집에서 이모부만 오시면 잔치를 벌이는 것이었습니다.

그런데 제가 이모부만 오시면 호주머니를 뒤져서 돈을 훔쳐서 쓰는 나쁜 버릇이 있었습니다. 그러다 들켜서 아버지에게 말도 못할 정도로 맞은 적이 있었습니다.

"다신 그러지 마라."

"네, 다신 안 그러겠습니다."

이렇게 하고 끝내야 되는데 아버지를 볼 때마다

"아버지 잘못했습니다."

"왜?"

"돈 훔친 거요."

"다음부터 절대 그러지 마."

이렇게 몇 날 며칠을 계속 잘못했다고 하면, 그때는 아버지를 약 올린다고 매를 맞을 수도 있습니다.

오늘날 예수 믿는 사람들이 하나님 앞에 나가는 모습이 이런 모습입니다. 용서해 주셨으면 "아! 용서받았구나." 하고 믿으면 됩니다. 죄인 안 만드시려고 하나님이 아들을 보내셔서 십자가에 못박혀 피 흘려 죽게 하신 건데, 예수를 믿는다면서 끝까지 "죄인, 죄인!" 하고 나가면 그 고백을 듣는 하나님 마음이 얼마나 아프시겠습니까?

사도행전 2장 37~41절 말씀을 보십시오.

"그들이 이 말을 듣고 마음에 찔려 베드로와 다른 사도들에게 물어 이르되 형제들아 우리가 어찌할꼬 하거늘 베드로가 이르되 너희가 회개하여 각각 예수 그리스도의 이름으로 세례를 받고 죄 사함을 받으라 그리하면 성령의 선물을 받으리니 이 약속은 너희

와 너희 자녀와 모든 먼 데 사람 곧 주 우리 하나님이 얼마든지 부르시는 자들에게 하신 것이라 하고 또 여러 말로 확증하며 권하여 이르되 너희가 이 패역한 세대에서 구원을 받으라 하니 그 말을 받은 사람들은 세례를 받으매 이 날에 신도의 수가 삼천이나 더하더라."

예수 그리스도의 이름을 믿고 죄 사함을 얻는 것입니다. "여러 말로 확증하며 권하여 가로되 너희가 이 패역한 세대에서 구원을 받으리니." 하였습니다.

에베소서 1장 3~10절 말씀입니다.

"찬송하리로다 하나님 곧 우리 주 예수 그리스도의 아버지께서 그리스도 안에서 하늘에 속한 모든 신령한 복을 우리에게 주시되 곧 창세 전에 그리스도 안에서 우리를 택하사 우리로 사랑 안에서 그 앞에 거룩하고 흠이 없게 하시려고 그 기쁘신 뜻대로 우리를 예정하사 예수 그리스도로 말미암아 자기의 아들들이 되게 하셨으니 이는 그가 사랑하시는 자 안에서 우리에게 거저 주시는 바 그의 은혜의 영광을 찬송하게 하려는 것이라 우리는 그리스도 안에서 그의 은혜의 풍성함을 따라 그의 피로 말미암아 속량 곧 죄 사함을 받았느니라 이는 그가 모든 지혜와 총명을 우리에게 넘치게 하사 그 뜻의 비밀을 우리에게 알리신 것이요 그의 기뻐하심을 따라 그리스도 안에서 때가 찬 경륜을 위하여 예정하신 것이니 하늘에 있는 것이나 땅에 있는 것이 다 그리스도 안에서 통일되게 하려 하심이라."

여기서 보면 "우리가 그리스도 안에서 그 은혜의 풍성함을 따라 구속 곧 죄 사함을 받았느니라."고 설명하고 있습니다.

또 골로새서 1장 9~14절 말씀을 보십시오.

"이로써 우리도 듣던 날부터 너희를 위하여 기도하기를 그치지 아니하고 구하노니 너희로 하여금 모든 신령한 지혜와 총명에 하나님의 뜻을 아는 것으로 채우게 하시고 주께 합당하게 행하여 범사에 기쁘시게 하고 모든 선한 일에 열매를 맺게 하시며 하나님을 아는 것에 자라게 하시고 그의 영광의 힘을 따라 모든 능력으로 능하게 하시며 기쁨으로 모든 견딤과 오래 참음에 이르게 하시고 우리로 하여금 빛 가운데서 성도의 기업의 부분을 얻기에 합당하게 하신 아버지께 감사하게 하시기를 원하노라 그가 우리를 흑암의 권세에서 건져내사 그의 사랑의 아들의 나라로 옮기셨으니 그 아들 안에서 우리가 속량 곧 죄 사함을 얻었도다."

"그 아들 안에서 우리가 속량 곧 죄 사함을 얻었도다."라고 했습니다. 사람들이 구속이란 말의 뜻을 잘 모르니까 성경 안에 구속이라는 것은 죄 사함이라는 것을 풀어서 설명하고 있습니다.

"예수 믿고 구원받으세요."

이 말은 '예수 믿고 죄 사함 받으라'는 뜻입니다. 죄 때문에 하나님과 인간 사이가 담으로 막혀 있기 때문에, 바로 그 죄의 문제를 해결해 주시기 위해서 이 땅에 예수 그리스도를 보내주신 것입니다.

우리가 예수를 믿는다면 당연히 '나는 죄 사함 받았다.'는 믿음을 가지고 나와야 되는 것입니다.

그리고 죄 사함 받은 것으로 끝나는 것이 아니고, 그 죄 때문에 왔던 저주들도 동시에 떠나갈 수밖에 없다는 사실을 믿어야 됩니다.

그 이유는 구원받은 것, 즉 죄 사함 받은 것은 눈에 보이지 않기 때문에 죄로 인해 고통당했던 육체의 저주가 떠나가면서 죄 사함 받은 것을 알 수 있습니다.

그래서 예수님께서 예수 앞에 나온 병든 자들에게 "네 믿음이 너를 구원하였노라." 하면서 그들이 가지고 있었던 혈루병 · 소경 · 중풍병 등의 여러 가지 병들을 치료해 주신 것은 바로 죄를 사함받았기 때문인 것입니다.

죄 사함과 신유는 함께 나타납니다.

병 고침 받는 것이 목적이 아니라, 눈에 보이지는 않지만 확실하게 죄를 사함받았다는 사실을 확인시켜 주기 위해서, 그 죄 때문에 왔던 육체의 질병을 신유의 경험으로 하나님께서 은혜를 베풀어 주신 것입니다.

그래서 죄 사함과 신유는 함께 나타나는 현상입니다. 너무나 자연스러운 현상입니다.

그런데 예수 믿는 사람들이 병 고침 받는 것은 굉장히 어렵고 죄 사함 받는 것은 쉽게 생각하는 것이 문제입니다. 원래는 죄 사함 받는 것이 너무나 어려운 일이고 병 고침 받는 것은 따라오는 것으로, 주님이 원하시는 순서적인 믿음을 가질 때 그 믿음을 경험하게 되는 것입니다.

우리 교회에서 많은 사람들이 병 고침 받는 것은 바로 이 사실 때문입니다. 이것을 깨닫고 믿음으로 받아들이는 순간에 죄 때문에 왔던 저주들이 떠나가기 시작했습니다.

어떤 사람들은 가난도 떠나가고, 어떤 사람들은 질병도 떠나가고, 어떤 사람들은 풀리지 않는 어려운 문제들이 풀리는 것은 바로 이 죄의 문제를 해결받은 확실한 믿음을 가지고 있기 때문입니다. 이것을 따로따로 보면 안 됩니다.

빚에 대해서 설명하겠습니다. A가 B한테 10억을 빌렸습니다. A는 B에게 차용증을 써 주었습니다. A가 망해서 못 갚으니까 B는 내 돈을 못 갚으면 부인이 와서 일하고, 못하면 대를 이어서라도 갚으라고 할 것입니다.

재산만 상속이 되는 것이 아니라 빚도 상속이 됩니다. 만약 여러분의 부모가 사업을 하다가 망해서 돌아가셨다면 법원에다 나는 우리 부모의 재산을 상속받지 않겠다는 신청을 해야 합니다.

신청을 하지 않으면 여러분도 모르는 사이에 여러분의 부모가 남기고 간 빚을 여러분이 갚아야 하는 상황이 옵니다. 지금 A한테 이런 상황이 온 것입니다.

그런데 C라는 사람이 이 상황을 보니까 A가 너무 불쌍해서 자기가 모은 돈을 B한테 주면서 A가 써준 차용증을 달라고 해서 A한테 줍니다. 그러나 A가 안 믿으니까 차용증을 보여줍니다. 그래서 C가 A가 보는 앞에서 불에 태우고 “내가 갚아 줬어.” 하니 그제서야 믿는 것입니다.

예수님께서 우리의 모든 죄를 십자가에서 대속해 주시고, 우리 구원받은 자들에게 증거로 신유라는 차용증을 보여주신 것입니다.

그렇게 해서 예수님께서 우리의 죄의 빚을 다 갚아 주었다는 사실을 우리에게 계속해서 말씀해 주고 계십니다. 죄 사함과 신유는 함께 따라 다니는 것입니다. 그러므로 이제는 절대로 죄 때문에 고민할 필요가 없습니다.

예수를 확실히 믿었으면 나는 이제 하나님 앞에 죄인이 아닙니다. A 자신이 갚진 않았으나 자신을 사랑하는 C가 갚아줬으면 이젠 B한테 빚진 자가 아닌 것입니다. C가 받으려고 갚아준 것이 아니고 사랑해서, 불쌍해서 그런 것입니다.

A는 이런 사실을 깨닫고 자기 빚을 대신 갚아준 C에게 감사하며 살면 되는 것입니다. 마찬가지로 우리는 이제 하나님께 감사하며 살면 되는 것입니다.

1987년, 김현희라는 미모의 북한 처녀가 KAL 858기를 폭파했습니다. 재판을 하지 않으면 죄인을 만들 수 없습니다. 반드시 재판을 해야 죄가 죄로 드러나는 것입니다. 분명히 현행범이지만 일단 데려와서 재판을 하는 것입니다. 1심, 2심을 다 거친 후 대법원에서 결국은 김현희의 사형확정 판결이 났습니다.

그런데 그 당시 노태우 대통령이 이것은 김현희라는 한 여인의 죄라기보다 남·북한 민족이 공동으로 책임져야 할 민족의 아픔이므로, 김현희에게 이 민족을 위해서 일할 수 있는 기회를 줘야 되겠다고 해서 대통령 특별사면법에 의해서 김현희가 사면을 받았습니다.

대통령은 대법원에서 이미 사형확정 판결을 받은 죽은 사람도 살릴 수 있는 권한을 갖고 있습니다. 이를 특별사면법이라고 합니다. 대통령의 말 한 마디에 김현희는 풀려난 것입니다. 이를 은혜라고 합니다.

김현희가 풀려나서 쓴 책이 있습니다. '나도 여자이고 싶어요'라는 제목의 책을 썼습니다. 이제는 한 남자의 아내로서 자식을 낳고 평범하게 살고 싶다는 것입니다. 그렇게 말했다고 해서 KAL기 폭파사고로 죽은 유가족들이 김현희를 향해서 돌을 던질 수 있겠습니까?

형법에 보면 일사부재리(一事不再理)의 원칙이 있습니다. 한 가지 죄를 가지고 한번 심판받았으면 그것으로 끝난 것이지 중복해서 재판하지 않습니다. 대통령이 특별사면했으면 김현희에게 그 죄는 없습니다. KAL기를 폭파해서 백수십 명을 죽인 죄는 사라져 버리는 것입니다. 그 죄를 갖고 다시 그를 기소할 수 없습니다.

우리가 예수 믿기 전에는 다 하나님 앞에 죄인이었습니다. 예수의 특별사면법에 의해서 우리가 죄 사함을 받은 것입니다. 하나님 앞에 우리는 다시는 죄인이 아닙니다. 우리의 신분이 바뀝니다.

예수 믿기 전에는 다 하나님 앞에 죄인이었으나 예수 믿고 나서 죄 사함 받은 자로 신분이 바뀌는 것입니다.

우리는 의인은 아닙니다. 의인은 죄악의 경험이 전혀 없는 자를 의인이라고 합니다. 우리가 죄인이 아니라고 해서 의인이 되는 것은 아닙니다.

의인은 예수 그리스도 한 분밖에 없습니다. 우리의 정확한 영적 신분은 죄 사함 받은 자입니다. 우리가 과거에 죄인이었던 경험은 있지만 지금은 아닙니다.

우리가 자숙하면서 하나님께 감사하며 살아가면 되는 것이지, 자꾸 옛날의 죄를 생각하면서 움츠러들고 위축되고 겁을 먹을 필요는 없습니다. 이것을 깨달음을 통해서 믿음으로 받아들이면 여러분 속에 있던 저주들이 떠나가는 것입니다. 누가 이런 믿음을 확실히 깨닫고 있는가 하는 것입니다.

우리 가족은 비교적 건강하게 잘 지냅니다. 우리 아이들이 20살적에 저한테 병원 내부를 물었습니다. 가 본적이 없기 때문에 병원 내부가 어떻게 생겼는지 모른다는 것입니다.

그것은 이런 확실한 믿음이 있기 때문입니다. 이런 사실을 알게 되면 가정의 병들이 먼저 떠나갑니다. 일반적으로 아이들을 둘 키우면 감기 때문에 번갈아 병원을 드나들게 됩니다. 그러나 신기하게도 이 사실을 믿음으로 받아들이는 순간부터 병원에 가는 횟수가 줄어들게 됩니다.

우리 교회에는 젊은 엄마들이 많습니다. 교회에 처음 올 때에는 병원에 뻔질나게 드나들다가 말씀을 듣고 깨달으면서부터는 병원 가는 횟수가 점점 줄어들면서 나중에 1년 동안 병원 한 번도 안 갔다는 사람이 수두룩합니다.

교회에 나오기 전에는 연말 정산을 할 때에 병원비 영수증이 수두룩했는데 세월이 지날수록 낼 게 없다는 것입니다. 그런 일들이 우리 교회의 젊은이들에게 많이 일어나고 있습니다. 이런 사실을 확실히 믿음으로 받아들이기 때문입니다.

돈은 있다가도 없고 없다가도 있는 것이지만 병은 그렇지 않습니다. 사람들이 제일 두려워하는 것이 병입니다. 목숨을 빼앗을 수 있기 때문입니다. 그래서 예수님께서 죄 사함과 신유를 동시에 나타내 주시는 것입니다.

우리는 얼마든지 병에 걸릴 수 있습니다. 그러나 이런 사실을 확실히 믿음으로 받아들이고 있을 때, 여러분의 육체 속에 들어오는 병을 내쫓을 수 있는 능력이 생깁니다.

제가 비교적 건강하게 살 수 있는 이유도 병이 들어오면 이를 믿음으로 고백하면서 병을 마구 꾸짖습니다.

"예수님이 나의 죄를 사해 주셨어. 너는 내 속에 들어올 이유가 없어. 나는 죄 사함 받은 자야, 그리고 신유받은 자야. 내가 나사렛 예수 이름으로 명하노니 떠나가!!!"

그러면 병이 들어오려다가 놀라서 도망갑니다. 저만 특권이 있는 것이 아닙니다. 이 믿음만 가지고 있으면 누구나 동일하게 이 특권을 누리며 살 수 있습니다.

한 가지 예를 더 들어 드립니다.

1863년 1월 1일, 미국의 링컨 대통령에 의해서 노예해방법이 제정되었습니다. 미국의 북군과 남군이 전쟁을 해서 결국은 북군이 이겨서 이 법이 만들어진 것이었습니다.

그전에는 미국 남부지역 농장들이 일손이 없으니까 흑인들을 잡아다가 노예로 부려먹었습니다. 그러나 링컨 대통령은 크리스천입니다. 사람 위에 사람 없고 사람 밑에 사람 없습니다. 그래서 기독교 정신을 갖고 노예를 해방시킨 것입니다.

그래서 그때부터 미국 내에 잡혀 온 노예는 모두 자유인이 되었습니다. 자기가 노력한 것 없고 피 한 방울 흘린 것 없어도, 북군이 승리했고 노예해방법이 발효되었기 때문에 미국 내에 있는 노예들은 다 자유인이 된 것입니다.

이런 법을 듣고 믿는 사람들은 그 순간부터 자기발목에 채워진 차꼬를 벗어버리고 자유롭게 생활 할 수 있습니다.

오래전에 알렉스 헤일리 원작의 '뿌리'가 TV에서 방영되었습니다. 영화를 보면, 흑인 집안이 잡혀 와서 뿔뿔이 흩어집니다.

그 집안의 아이가 노예해방법이 발효되어 자유인이 되었다는 사실을 알고 자기 부모를 찾아서 뛰는 것이 마지막 장면입니다.

혹시 자기 부모가 이 소식을 모르고 아직 노예 생활을 할까봐 이 기쁜 소식을 알리려고 자기 부모를 찾아서 떠납니다.

마찬가지입니다. 우리가 과거에는 다 죄인이었으나 예수님께서 오셔서 몸 버려 피 흘려 대속해 주심으로 말미암아 우리는 그 사실을 믿음으로써 이제는 죄 사함 받은 자가 되었습니다.

우리는 자유인입니다. 다시는 노예 생활을 할 필요가 없습니다. 그리고 이제 이 법을 몰라서 지금도 어디선가 불쌍하게 노예 생활을 하고 있을 형제·친척…, 그들을 찾아서 그들에게 이 법을 전하는 것입니다.

이 법을 증거하는 일은 이 법을 믿고 자유인이 된 우리들이 해야 할 몫이라는 것입니다. 이 법이 발효되었어도 발효된 것을 늦게 알았다면 그동안은 고생하는 것입니다. 그 농장 주인이 이 법을 모르는 노예를 자진해서 풀어줄 리가 없습니다. 이 법을 알 때까지는 노예가 아니면서도 그냥 노예 생활을 하는 것입니다.

예수의 대속의 은혜를 믿으면 자유자가 됩니다.

마찬가지로 예수가 우리의 모든 죄와 저주를 대속했다는 사실을 믿는 사람들은 바로 그 시간부터 자유자가 될 수 있습니다.

그러나 이런 법이 발효되었다고 설명해 줘도 안 믿는다거나 못 들은 사람은 그냥 노예로 살 수밖에 없지만, 몇 대를 노예로 살았어도 즉시 그 법을 믿는 사람은 거기서 자유인이 되는 것입니다.

지옥에 가는 사람들이 사람을 죽여서 가는 것이 아니라 예수를 믿지 않기 때문에 지옥 가는 것입니다. 예수님께서 나를 대신해서 십자가에 못박혀 피 흘려 죽으셨다는 사실을 믿지 않기 때문에, 그냥 죄인으로 남아 마귀와 함께 지옥에 가는 것입니다.

전에 '막가파'가 있었습니다. 김현양이 두목이었는데 그가 이 사실을 알아서 예수 믿었고, 도끼살인의 고재봉도 감옥에서 이 사실을 알고 구원받았습니다. 사람을 죽였다 할지라도 이 사실을 믿기만 하면 그는 구원받는 것입니다.

그는 죄 사함 받았기 때문에 지옥에 못 갑니다. 육체는 형장의 이슬로 사라질지라도 그 영혼은 절대로 지옥에 못 갑니다. 우리가 사람의 눈으로 보기에 저 사람은 흉악한 죄인이지만 하나님께서 보실 때에는 다 같은 사람입니다.

우리가 비행기를 타기 전에 땅에서 빌딩을 보면 2층, 5층, 10층이 높다, 낮다 그러지만 비행기 타고 하늘로 올라가서 보면 다 똑같아 보입니다. 돌멩이는 작은 돌을 던져도 물 속에 가라앉고 집채만한 돌을 던져도 가라앉는 것은 똑같습니다.

하나님께서 정죄하실 때 육체, 즉 행동으로 율법을 어긴 것을 죄인이라고 하셨지만 예수님께서 오셔서 마음으로까지 확대시켰습니다. 예수님이 우리들의 모든 죄를 안고 죽으시기 위해서 죄의 범위를 확대시킨 것입니다.

법으로 만들어야 죄가 죄로 드러나 정죄할 수 있습니다. 계명은 육체, 즉 행동으로 계명을 어긴 것만 정죄할 수 있습니다.

만일에 예수님께서 계명을 위해서만 죽으셨으면 계명을 어긴 죄는 용서받을 수 있지만 마음으로 저지른 죄는 용서받을 수 없습니다.

그렇기 때문에 예수님께서 우리의 모든 죄를 다 대속하기 위해서 마음으로 저지른 것도 죄라고 정죄했습니다. 육체적으로 간음한 것도 죄지만 마음으로 음심을 품은 것도 죄라고 죄의 범위를 넓혀 놓으셨기 때문에, 그분이 십자가에 달려 죽으시면서 육체적으로 계명을 어긴 것도 용서받을 수 있고, 마음으로 어긴 것도 용서받을 수 있고, 영의 죄도 용서받을 수 있는 것입니다.

바로 예수 그리스도의 공로가 우리의 모든 죄를 깨끗이 다 대속해 주셨기 때문입니다. 이것이 이해가 되어야 합니다. 우리가 항상 강하고 담대하게 이런 믿음을 가지고 예수 앞에 나와서 예수의 공로를 의지하는 자가 되어야 합니다.

죄에는 두 가지 종류가 있습니다. 사망에 이르는 죄와 사망에 이르지 않는 죄입니다. 사망에 이르는 죄는 예수 믿지 않는 것, 불신입니다. 이것에 대해서는 구할 필요가 없습니다. 용서가 없기 때문입니다.

그러나 누구든지 사망에 이르지 않는 죄를 범하는 것을 보거든 구하라고 하였습니다. 사망에 이르지 않는 죄는 예수를 믿고 나서 그 후에 저지르는 악행들을 말합니다. 그것은 지옥에 가지 않습니다. 사망에 이르지 않는 죄를 지어서도 안 되겠지만 죄를 지었다면 빨리 회개를 해야 됩니다. 회개하지 않으면 육체는 심판을 받지만 영혼의 구원과는 상관이 없습니다.

요한일서 5장 13~18절에 보면, 모든 불의가 죄이지만 사망에 이르는 죄가 있고 사망에 이르지 않는 죄가 있다고 했습니다. 사망에 이르는 죄는 구해서 되는 것이 아니고 믿어야 되는 것이기에, 사망에 이르는 죄에 대하여 구하라 하지 않는다고 말씀한 것입니다.

그러니까 예수 믿지 않는 죄는 구해도 지옥 갑니다. 그러나 사망에 이르지 않는 죄를 지은 자는 회개하고 용서받으면 구원받을 수 있다는 것입니다. "모든 불의가 죄로되", 이는 모든 불의를 다 죄라고 말하나 사망에 이르는 죄, 예수 믿지 않는 죄는 지옥 간다는 것입니다.

믿지 않으면 소용없습니다. 이미 끝난 것입니다. 우리가 예수 믿고 나서 육체적으로 악행을 저질렀을 때, 빨리 하나님께 회개하고 구하면 우리는 용서받을 수 있습니다.

용서를 받았기 때문에 하나님의 심판을 받지 않아도 되는데, 이것을 모르고 계속 반복해서 사망에 이르지 않는 죄를 저지르면 육체는 그것 때문에 망가질 수밖에 없다는 것입니다.

구원받은 우리들은 육체적으로도 거룩해야 합니다. 어떤 사람들은 육체적으로 죄짓고 회개하면 용서받는 것을 알아서 다람쥐 쳇바퀴 돌 듯이 죄짓고 회개하고 용서받고 또 죄짓고 회개하고 용서받고를 반복합니다.

지혜로운 사람 같지만 어리석은 사람입니다. 우리가 죄를 용서받았으니 거룩하게 하나님 뜻대로 살아서 육체도 복을 받고 살아야겠다고 열심히 순종하는 사람이 되어야지, 지혜로운 척하고 자꾸 반복해서 불순종하고 용서받는 사람들은 발전이 없습니다.

그러나 회개하지 않는 것보다 회개하는 것이 좋기는 좋습니다.

말씀을 정리합니다. 하나님께서 예수 그리스도를 이 세상에 보내 주신 것은 바로 우리가 감당할 수 없는 하나님 앞에 저지른 모든 죄를 다 탕감해 주시기 위해서입니다.

계명을 어긴 것도 죄지만 계명은 행동으로 저질러야 정죄할 수 있기 때문에 마음으로 계명을 어긴 것은 구약에서는 정죄하지 못 합니다.

그러나 예수님이 오셔서 행동뿐만이 아니라 마음으로 저지른 것도 죄라고 죄의 범위를 넓혀 놓았습니다.

그러므로 육체적으로 계명을 어긴 죄, 그 계명을 마음으로 어긴 죄, 또한 영의 죄까지 모든 죄를 예수님께서 십자가에 달려 죽으심으로 말미암아 다 담당하셨기에, 우리는 모든 죄를 용서받는 자가 되었다는 것입니다. 할렐루야!

여러분이 이런 사실을 확실히 감사함으로 믿고 이제부터 열심히 하나님 말씀에 순종하며 살아간다면, 얼마든지 건강하게 많은 복을 누리며 살아갈 수 있습니다.

앞으로 '죄인'이라고 하지 말고 부족하면 "주여, 저는 부족한 자입니다."라고 말해야 합니다.

이후로 다시는 죄인이라는 말을 하지 마십시오. 듣는 하나님께서 너무나 속상해하십니다.

기드온 성경대학(G.B.C.) 시리즈 제7과 : 누가복음 24:44~48

7.
성경의 주인공 이신 예수

"또 이르시되 내가 너희와 함께 있을 때에 너희에게 말한 바 곧 모세의 율법과 선지자의 글과 시편에 나를 가리켜 기록된 모든 것이 이루어져야 하리라 한 말이 이것이라 하시고 이에 그들의 마음을 열어 성경을 깨닫게 하시고 또 이르시되 이같이 그리스도가 고난을 받고 제삼일에 죽은 자 가운데서 살아날 것과 또 그의 이름으로 죄 사함을 받게 하는 회개가 예루살렘에서 시작하여 모든 족속에게 전파될 것이 기록되었으니 너희는 이 모든 일의 증인이라"(눅 24:44~48).

성경은 살아 계신 하나님의 생각과 계획과 뜻을 담아서 우리에게 알려주신 하나님의 말씀이라고 했습니다.

하나님은 살아 계신 분이지만 영이시기 때문에 눈으로 뵐 수가 없습니다. 그래서 하나님이 우리에게 당신이 '살아 있다, 존재한다'라는 사실을, 말씀을 통해 우리에게 가르쳐 주시기 위해서 이 성경이라는 말씀을 주신 것입니다.

또, 이 성경에서 하나님께서 우리들을 위해서 무엇을 하시려고 하는지, 왜 하나님을 알아야 되는지, 이런 것들을 구체적으로 알게 하기 위해서 성경을 우리에게 주신 것입니다.

그런데 성경에는 주인공이 있습니다. 우리가 영화를 보면, 금방 영화의 주인공을 알 수 있습니다. 주인공이 없는 영화는 없습니다. 위인전기를 읽어도 주인공이 있습니다. 이순신 장군 전기의 주인공은 이순신 장군이고 링컨 대통령 전기의 주인공은 링컨인 것처럼, 성경에도 주인공이 있습니다.

바로 이 땅에 오신 '예수'가 성경의 주인공입니다. 그래서 성경을 읽을 때마다 주인공을 발견하셔야 합니다.

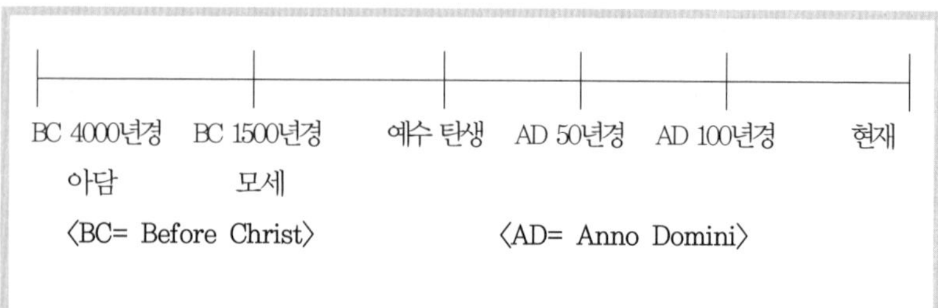

위의 표를 보면, 아담은 BC 4000년경 사람으로, BC 4000년

경부터 BC 1500년경까지 약 2,500년간은 성경이 없습니다.

성경이 없다가 BC 1500년경에 모세가 하나님으로부터 계시를 받고 기록한 것이 구약의 창세기·출애굽기·레위기·민수기·신명기입니다.

그래서 창세기·출애굽기·레위기·민수기·신명기를 모세 5경이라고 말하는 것입니다. BC 1500년경 이전에는 성경이라는 것이 없다가 이때부터 성경이 기록되었습니다.

이렇게 기록되어진 성경이 구약 39권, 신약 27권 도합 66권이며, AD 100년경 요한계시록이 마지막으로 기록되었습니다.

그래서 역사의 주인공인 예수님의 탄생 이전을 BC(=Before Christ)라고 하고, 예수 탄생 이후를 AD(=Anno Domini)라고 하는 것입니다.

BC, 즉 예수님 탄생 이전 1500년경에 비로소 처음으로 창세기·출애굽기·레위기·민수기·신명기가 기록되면서 구약성경이 39권 기록되었고, 신약성경은 AD 50년경부터 AD 100년 사이에 27권이 기록된 것입니다.

성경은 BC 1500년부터 AD 100년까지 약 1,600년간에 걸쳐서 40여 명의 기자(記者)에 의해서 기록되었습니다.

분명히 기록한 것은 사람입니다. 그러나 사람이 기록했다 할지라도 자기의 생각을 기록한 것이 아니라 하나님의 말씀을 받아서 기록한 것입니다.

'성령의 영감으로 하나님이 계시를 주어서 기록했다.' 이렇게 생각하면 간단합니다. 물론 이 성경 속에 꼭 하나님의 말씀만 있는 것은 아닙니다. 이 성경에는 마귀가 한 말도 있습니다.

마태복음 4장을 보면, 예수님이 40일 동안 광야에서 금식하실 때 마귀가 나타나서 '돌더러 떡덩이가 되게 하라.'고 했습니다. 그 말은 마귀가 한 말입니다. 그러나 그 마귀의 음성도 전체적으로 볼 때, 주인공이신 예수를 증거하고 나타내기 위해서 필요했기 때문에 기록하게 한 것입니다.

주인공이신 예수와 연결되다 보니까 마귀가 입으로 한 말도 거기에 기록된 것뿐이지 마귀의 말이 있다고 해서 성경이 마귀의 말이라고 생각해서는 안 됩니다.

그래서 우리가 이 성경을 대할 때 막연한 하나님의 말씀이 아니라, 바로 이 말씀 속에는 성경의 주인공이신 예수를 나타내고 예수를 알게 하기 위해서 우리에게 주신 하나님의 말씀임을 알아야 하는 것입니다.

성경 속에서 예수님을 만나야 합니다.

성경을 보면서 예수님을 만나지 않으면 아무 소용이 없습니다. 괜히 남의 다리 긁는 것입니다. 창세기를 보든, 출애굽기를 보든, 무엇을 보든 간에 거기에서 우리는 예수를 찾을 수 있어야 되고, 예수님의 뜻이 무엇인가를 알아야 되고 예수를 만날 수 있어야 하는 것입니다.

창세기에 아브라함이 나온다고 해서 아브라함을 만나거나 출애굽기에 모세가 나온다고 해서 모세를 신봉하고, 모세를 알 필요는 없습니다. 아브라함을 통해서 계시된 예수를 발견해야 합니다.

또, 모세가 아무리 민족적인 지도자라고 해도 여러분들이 출애굽기를 통해서 모세를 만날 필요는 없는 것입니다. 성경의 주인공은 예수님입니다.

하나님께서 오랜 세월 동안, 약 1,600여 년간에 걸쳐 40여 명의 기자를 통해서 우리에게 성경을 주신 것은, 성경의 주인공이신 예수를 정확히 알고 믿게 하기 위해서입니다.

40명의 기자는 직업도 다양합니다. 다윗이나 솔로몬처럼 사회적으로 높은 자리에 있는 사람, 낮은 자리에 있는 사람, 여러 부류의 사람들이 성령의 감동으로 성경을 기록했습니다.

그런데 신기하게도 자기 나름대로 하나님께서 주신 말씀을 기록하다 죽고, 또 그다음 사람이 기록하다 죽고, 그렇게 계속하였음에도 불구하고 이 성경은 일목요연하게 계속 예수에 대해서 증거하고 있습니다.

성경은 우리가 보기에는 약간의 오류가 있어 보이는 부분도 있습니다. 그럼에도 불구하고 성경을 그대로 인정하지 그걸 수정하거나 고치려고 하지 않습니다. 이것은 사람이 자기의 생각을 조직적으로 논리적으로 기록한 것이 아니기 때문에, 구약과 신약에 서로 다른 부분이 있어도 그냥 인정하는 것입니다.

가령, 구약에는 지성소 안에 법궤가 있고 거기에 스랍 둘이 있는데, 신약의 히브리서에는 금향로가 지성소 안에 들어가 있다고 말하고 있습니다. 원래 금향로는 성소에 있는 것인데 히브리서에서는 그것이 지성소 안에 들어가 있다고 기록된 것입니다.

이것은 사람이 자기 생각을 기록한 것이 아니라 성령의 감동으로 인해서 기록한 것이기 때문에 우리가 보기에는 틀리는 것 같아도 우리가 건드릴 수 없습니다. 그래서 지금까지 세상의 문화가 변하고, 문명이 바뀌고, 인간의 풍습이 바뀌고 또 바뀌어도 이 성경만큼은 바뀌지 않고 일점일획의 가감도 없이 그대로 우리에게 전달되고 있는 것입니다.

예수님은 지금으로부터 약 2천 년 전에 오셨습니다. 아담부터 예수님 오시기까지의 성경을 구약성경이라고 합니다. 구약은 오래된 약속이 아니라 하나님이 인간들에게 주신 첫 언약입니다.

이 첫 번째 언약에도 주인공이 있습니다. '이 땅에 오실 예수', 이것이 구약성경의 주인공이자 주제입니다.

–이 땅에 내가 아들 예수를 보낼 것이다. 그 예수가 어디에 가난한 몸으로 오실 것이다. 그 예수가 어떻게 죽을 것이다. 또, 죽기 전에 예수가 채찍에 맞고 저주의 십자가를 질 것이다. 그리고 십자가에 달려 죽을 때에도 예수가 '아! 목마르다.' 할 것이다. 또 예수가 죽을 때 절대로 정강이를 꺾이지 않을 것이다.–

이런 것까지도 일일이 각각 다른 사람에 의해서 1,500여 년간 기록한 것이 바로 이 구약성경 창세기부터 말라기까지의 39권의 내용입니다. 이 땅에 오실 예수에 대한 예언이 기록된 것이 구약성경입니다.

여기에서 여러분들이 알아야 할 분은 예수입니다. 하나님께서 우리에게 예수를 주셨고, 그 예수를 믿게 하시고 예수와 함께 살게 하십니다. 우리가 함께 천국에 가서 영원토록 함께 사실 분은 하나님이신 예수입니다.

그러니까 어찌하든지 예수를 알아야 됩니다. 설교를 들을 때에도 예수에 대한 얘기를 들어야지, 쓸데없는 사회적인 얘기·윤리적인 얘기·도덕적인 얘기를 설교의 주제로 들으면 안 됩니다.

쉽게 말하면 창세기 1장 1절에 '태초에 천지를 창조하시니라.' 하면서 '첫째 날 빛이 있으라.' 하셨습니다.

이 '빛이 있으라.' 하심도 이 세상에 참빛으로 오실 예수에 대하여 예언한 것이고, 또 첫 사람 아담도 이 땅에 오실 예수, 마지막 아담으로 오실 예수에 대한 그림자로 첫 사람 아담을 만드신 것입니다.

또, 창세기 3장에 보면 아담과 하와가 범죄하고 나서 하나님께서 뱀을 책망하시고 하와, 아담을 책망해 나가는 과정에, 뱀에게 '여자의 후손이 뱀 너희 후손의 머리를 밟을 것이며'라는 이 예언도 이 땅에 오실 예수에 대한 예언입니다.

아무리 모계사회(母系社會)라 할지라도 후손은 남자의 후손이지 여자의 후손은 아닙니다.

그런데 창세기 3장에 여자의 후손이 와서 뱀, 마귀를 심판하실 것이라고 예언했습니다.

바로 여자의 후손이라는 것은 남자의 씨와 관계없는 성령으로 잉태되어 마리아의 태(胎)를 통해 이 땅에 오실 하나님의 아들 예수 그리스도가, 원수 마귀를 합법적으로 심판하시는 것을 창세기 3장에 하나님이 예언하신 것입니다.

가죽옷을 입혀서 아담과 하와를 에덴동산에서 쫓아내시는데 가죽옷을 만들기 위해서는 어떤 짐승이 희생되어야만 합니다. 무화과나무 잎으로 가렸던 아담과 하와가 가죽옷으로 가리게 됩니다.

이것도 이 땅에 오셔서 희생하여 죽으심으로 우리를 보호해 주실 예수에 대한 예언이 바로 가죽옷 속에 이미 다 예언된 것입니다.

또, 출애굽기에 애굽에서 종살이를 한 이스라엘 백성들이 홍해바다를 건너서 광야로 돌아옵니다. 그런데 홍해바다도 하나님께서 갈라주셨습니다. 이러한 것들도 다 우리가 구원받을 때 하나님께서 뿌려주신 예수의 피로 말미암아 우리가 구원받는 것을 예언하는 것이 홍해바다입니다.

이스라엘 백성들이 애굽에서 나와서 가나안 땅에 들어갈 때, 꼭 홍해바다를 건너야만 광야를 거쳐 가나안 땅에 가는 게 아닙니다.

지중해변으로 가면 가나안 땅으로 가는 육로가 있음에도 불구하고, 밑으로 끌고 내려와서 홍해바다를 건너게 하신 것은 다 이 땅에 오셔서 피 흘려 죽어주신 예수 그리스도의 피를 우리에게 미리 보여주시기 위해서입니다.

이렇게 이 땅에 오실 예수에 대하여 예언한 것이 바로 구약성경이므로, 여러분들이 구약성경 어디를 읽어도 거기서 예수를 발견해야 되고, 좀더 나아가서 예수의 피를 발견해야 합니다.

우리가 성경을 읽다보면, 창세기와 출애굽기는 어느 정도 읽어 나아갑니다. 그런데 레위기부터 양을 잡고, 뭘 잡고, 피를 흘리고 잡고, 잡고, 잡고… 하는 지루한 이야기가 나오니까 성경을 읽다가 포기하는 사람이 굉장히 많습니다.

창세기 · 출애굽기는 누가 죄 짓고 벌받고 하는 것들이 재미있고 읽을 만한데, 레위기에는 짐승을 잡아서 피를 뿌리는 제사 얘기가 많이 나오면서 피 이야기가 계속 나옵니다.

그 피 이야기는 바로 이 땅에 오셔서 우리를 위해서 흘려주실 예수의 피에 대한 예언으로 레위기가 기록되는 것이므로 레위기가 굉장히 중요한 것입니다.

본문 44절에 보면, '내가 너희와 함께 있을 때에 너희에게 말한바 곧 모세의 율법과 선지자의 글과 시편에 나를 가리켜 기록된 모든 것이 이루어져야 하리라 한 말이 이것이라.'고 했습니다.

여기서 모세의 율법은 모세오경(창세기 · 출애굽기 · 레위기 · 민수기 · 신명기)을 뜻합니다.

이스라엘 백성(유대인)들은 일반적으로 여호수아 · 사사기, 이런 것은 역사를 기록한 역사서라고 생각하고 모세오경을 하나님의 말씀으로 믿고 있습니다. 또 '선지자의 글'은 이사야 · 예레

미야 · 에스겔 · 다니엘 · 말라기 등을 다 선지자의 글이라고 합니다.

다시 말하면, 여기에 이렇게 모세의 율법과 선지자의 글과 시편에 기록된 모든 것들이 '나', 즉 '이 땅에 오실 예수님'을 가리켜 기록된 말이라는 뜻입니다.

"이에 저희 마음을 열어 성경을 깨닫게 하시고 또 이르시되 이같이 그리스도가 고난을 받고 제 삼일에 죽은 자 가운데서 살아날 것과 또 그의 이름으로 죄 사함을 얻게 하는 회개가 예루살렘으로부터 시작하여 모든 족속에게 전파될 것이 기록되었으니 너희는 이 모든 일의 증인이라."고 했습니다. 그래서 이 땅에 예수가 오셨습니다.

그런데 BC 400년경에 말라기 선지자가 마지막 예언을 하고 난 다음부터 하나님이 계시를 주시지 않아서 이 땅에 예수님 오실 때까지 예수에 대해서 기록한 사람이 없습니다.

400년이 지난 후에 예수님보다 6개월 먼저 태어난 세례 요한이 예수님에 대해서 증거한 것입니다.

"보라 세상 죄를 지고 가는 하나님의 어린 양이로다"(요 1:29).

BC 400년경에 말라기까지만 예언하고 끝났습니다. 그래서 이때부터 암흑기, 또는 신학용어로는 신구약 중간사라고 말합니다.

BC 400년경부터 하나님이 말씀을 주시지 않고 선지자도 세우지 않으시니까, 선지자를 통해서 하나님의 음성을 들을 수 있었던 이스라엘 백성들은 선지자가 끊어져 버렸기 때문에, 깜깜하고 답답한 이 시기를 암흑기라고 하는 것입니다.

하루 중 제일 어두울 때는 바로 해 뜨기 직전이 라고 합니다. 제일 어두울 때이지만, 아무리 어두워도 조금 있으면 해가 뜨게 되어 있습니다.

하나님께서 참빛이신 예수님을 세상에 보내주시기 직전이기 때문에 깜깜하게 암흑기를 허락하신 것입니다.

고난은 빛 되신 예수님을 만날 절호의 찬스입니다.

여러분의 일생에서도 마찬가지입니다. 우리가 인생을 살아가다가 정말 내 힘대로 할 수 없는 아주 극한 상황의 어려움을 만날 때가 있습니다.

그러나 그때가 바로 빛 되신 예수님을 만날 수 있는 절호의 찬스라는 것입니다. 세상 사람들은 그런 암흑기를 만나면 자살하거나 포기해 버리고 맙니다.

그러나 우리 예수 믿는 사람들은 절대로 포기하면 안 됩니다. 내가 힘들고 어려울 때,

'이때가 예수님 만날 때구나. 내가 조금만 참고 인내하면 빛 되신 예수님을 만나겠구나.'

그런 소망을 갖는 것이 바로 예수 믿는 사람들입니다. 할렐루야!

우리들은 하루를 말할 때 아침부터 저녁까지라고 말하지만, 창세기 1장을 보면 하나님은 '저녁이 되고 아침이 되니….'라고 말씀하십니다.

우리는 보통 해가 뜨고부터 시작해서 점점 어둠 속으로 들어갑니다. 그런데 하나님의 하루는 어두울 때부터 시작합니다. 비록 우리가 어두울 때 시작하지만 결국 해 뜨는 아침을 맞이하게 된다는 것입니다.

이것이 바로 성경이 우리에게 주시는 너무나 놀라운 축복의 하루입니다.

그래서 예수 믿는 사람들은 이 세상 살아가면서 어두울 때, 고난이 닥쳐오고 환난이 닥쳐올 때가 빛 되신 예수님을 만날 수 있는 기회입니다.

여러분들 중에는 아마 심한 질병이나 어려움을 통해서 예수님을 영접한 사람이 있을 것입니다. 고통과 괴로움에 있을 때, 바로 그런 때가 여러분들로 하여금 빛 되신 예수를 만나게 해서 예수 안에서 빛의 세계를 살아갈 수 있도록 인도해 주시는 좋은 축복의 기회입니다. 이것이 성경적인 하루의 개념입니다.

여러분들이 살아가시면서 어려움을 만난다고 낙심하지 말고, BC 400년경에 마지막 선지자가 오신 이후 칠흑 같은 어둠을 지내고 나서 왜 하나님이 예수를 보내셨는가, 이런 성경적인 개념과 역사적인 사실을 보시면, 우리를 빛으로 인도하신 하나님의 사랑과 섭리를 얼마든지 깨달을 수 있습니다.

결국 예수님은 이 땅에 오셨습니다. 하나님께서 구약성경에 '이 땅에 아들이 가서 이런 일을 하실 것이고 이런 말씀을 하실 것이다.'라고 하신 말씀 그대로 예수님이 이 땅에 오셔서 그 구약에 예언된 말씀대로 하셨습니다.

예수님이 십자가에 달려 돌아가시고 부활하셔서, 40일 동안 제자들과 많은 사람들에게 부활을 나타내셨습니다.

그리고 예수님은 하나님의 보좌 우편에 올라가시고 나서 보혜사 성령을 보내주셨습니다. 성령으로 말미암지 않고는 예수를 주라 시인할 수 없습니다.

구약성경에는 예수가 어떻게 오시고 어떻게 행하시고 죽으셨는지 성령의 감동으로만 전하는 것입니다. 그것을 예언, 예언 사역이라고 하는 것입니다. 개인적인 일을 점 봐주듯이 하는 게 예언이 아니고, 이 땅에 오실 예수가 이러이러하게 하실 일들을 성령의 감동으로 말하는 것을 예언이라고 말하는 것입니다. 잘 구별하셔야 됩니다.

이제 예수님이 이 땅에 오셔서 하신 일들에 대한 것을 성령의 감동으로 기록한 것이 바로 신약성경 27권입니다.

예수님이 승천하신 후, 성도들이 모두 예수에 대해서 전해야 되는데 사람이 전부 다 충만하지는 않습니다. 사도들은 살아 있을 때 예수님을 만나서 하신 일을 보고, 그리고 십자가에 달려서 죽으신 것도, 부활도 보았습니다.

그러나 그 사도들이 세상을 떠나면 예수님을 못 본 사람들이 그 일을 구전으로 전하게 됩니다. 그러면 지금까지 복음이 전달되기가 어려웠을 것입니다.

쉽게 말해, 레크리에이션을 할 때 사람들을 쭉 세워놓고 귓속말로 전하라고 하면, 끝에 가서 엉뚱한 말이 나오고 하는 놀이가 있습니다. 줄을 세워놓고 몇 사람을 거쳐 가면 말이 바뀌는데, 세월이 지나면서 말로 예수에 대해서 증거하다 보면 별 희한한 말이 다 생길 것입니다.

그래서 하나님께서 성령의 감동으로 예수님이 이 땅에 오셔서 하신 일들을 기록하도록 하셨고, 오늘 우리는 성령의 감동으로 기록되어진 신약성경을 통해서, 이 땅에 오셨던 예수님에 대해서 알 수 있고 하나님에 대해서 알 수 있는 은혜의 축복을 누리게 된 것입니다.

성경! 얼마나 중요한지 모릅니다. 성경이 없으면 우리가 예수님을 알 수 없습니다. 이 땅에 오실 예수에 대하여 예언한 구약성경 그대로 이 땅에 오신 예수님께서 하신 일들을 기록한 것이 신약성경 27권입니다.

신약성경을 좀 구분하다 보면, 마태복음 · 마가복음 · 누가복음 · 요한복음이 있습니다. 이것을 4복음서라고 합니다. 이 땅에 오셔서 예수님이 하신 일들을 정확하게 기록한 복음이 이 마태 · 마가 · 누가 · 요한의 4복음입니다.

그다음에 신약성경 중에 사도행전이 있습니다. 사도행전은 성령으로 오신 예수에 대해서 기록한 것입니다.

4복음서는 이 땅에 육신으로 오신 예수가 오셔서 하신 일들을 기록한 것이고, 사도행전은 성령으로 오신 예수에 대해서 경험한 것을 기록한 것입니다. 그다음에 서신서가 나오고, 마지막으로 요한계시록이 나옵니다.

이 서신서는 편지로 '너희는 신앙생활을 이렇게 해야 된다.'는 교리적인 부분에 대해서 편지로 전달한 것입니다.

마지막으로 요한계시록은 사도 요한이 밧모 섬에서 성령의 감동으로 다시 오실 예수, 우리를 데리러 오실 예수에 대해서 마지막으로 예언하고 끝내는 것이 바로 요한계시록입니다. 요한계시록은 이 땅에 다시 오실 예수에 대하여 기록한 것입니다.

구약성경부터 신약성경의 마지막 요한계시록까지 공통점이 있는데 바로 예수님입니다. 구약성경은 이 땅에 오실 예수, 신약성경은 이 땅에 오신 예수에 대한 것입니다.

신약성경을 구분하면 4복음서는 이 땅에 오셔서 하신 일들을 기록한 것이고, 사도행전은 성령으로 오신 예수, 요한계시록은 다시 오실 예수, 이렇게 해서 다 예수에 대하여 예언한 것이 신·구약 66권의 말씀입니다.

우리는 성경을 통해서 예수를 잘 알고 믿어야 합니다. 마태·마가·누가·요한복음을 읽어 보면 중복된 부분이 많이 있습니다.

예를 들어, 가버나움 회당의 지붕을 뚫고 내려온 부분도 상황이 조금씩 다르기는 하지만 4복음서에 몇 군데나 나옵니다. 또, 오병이어의 이적을 나타낸 것이 조금씩 다르게 보이는 부분들이 있지만 그것을 통해 다양성을 말씀하신 것입니다.

우리는 이방인들이고 예수님을 본 적이 없기 때문에, 이방인인 우리들에게 이 땅에 오셨다 가신 예수님을 정확히 더 잘 알게 하기 위해서 마태가 만난 예수, 마가가 만난 예수, 누가가 만난 예수, 요한이 만난 예수에 대해서 기록한 것입니다.

예수님만 잘 알면 죽을 사람도 살아날 수 있고, 정말 어려운 상황에 처했을 때 누가 더 예수님을 정확히 알고 그분을 의지하느냐에 따라서 생명도 얻을 수 있고 갖가지 어려움에서 일어날 수도 있습니다.

하나님께서 이렇게 오랜 세월을 통해서 우리에게 결국 알게 하신 분은 예수님입니다. 그러면 우리도 그분의 포커스에 맞춰야 합니다.

'아, 정말 예수님이 너무너무 중요하기 때문에, 하나님이 이렇게 오랜 세월 동안 많은 사람들을 통해서 우리에게 예수님을 알게 하셨구나. 그러면 나도 그분의 관심대로 예수님을 잘 알아야 되겠구나!'

이런 마음이 있어서 예수님을 잘 알려고 노력하셔야 됩니다.

마태복음은 왕으로 오신 예수에 대해서 기록했습니다. 그래서 마태복음 1장을 읽어 보면 '아브라함과 다윗의 자손 예수 그리스도의 세계라.'는 계보가 나옵니다.

아브라함은 그 당시 부족의 왕이고, 다윗부터는 왕입니다. 전부 왕가의 계보입니다. 그것은 이 땅에 오신 예수는 왕의 신분으로 오셨다는 말입니다.

그분이 유다 민족, 유다의 씨로 오신 분은 아니지만 그분은 왕의 신분으로 오셨다는 것을 우리에게 보여주기 위해서, 마태복음 1장에 '아브라함과 다윗의 자손 예수 그리스도의 세계라.' 고 하면서 왕의 계보가 나오는 것입니다.

그러므로 우리들이 예수를 믿을 때 예수를 마구간에서 태어난 연약하고 힘도 없는 그런 사람으로 믿지 말고, 왕으로 오신 분으로 이스라엘 백성들에게 왕은 절대자이며 권력자이고, 백성은 왕의 소유라는 사실을, 왕으로 오신 예수를 우리에게 가르쳐주기 위해서 마태복음 1장에 왕의 계보가 나오는 것입니다.

그다음에 마가는 종으로 오신 예수에 대해서 기록했습니다. 마가복음은 4복음서 중에서 제일 짧습니다. 마가복음은 1장부터 16장밖에 없습니다.

그런데 마가복음은 예수님의 잉태나 출생 같은 기록은 전혀 없고, 예수님의 공생애부터 바로 시작됩니다. 그래서 예수님께서 이 땅에 오셔서 능력을 통해서 계속 사람들에게서 귀신을 쫓아내고 질병에서, 문제에서 해결해주는 일들이 마가복음 1장에서 16장까지 계속해서 나옵니다.

그래서 마가복음 16장 15절 이하에 보면, "너희는 온 천하에 다니며 만민에게 복음을 전파하라 믿고 세례를 받는 사람은 구원을 얻을 것이요 믿지 않는 사람은 정죄를 받으리라 믿는 자들에게는 이런 표적이 따르리니 곧 저희가 내 이름으로 귀신을 쫓아내며 새 방언을 말하며 뱀을 집으며 무슨 독을 마실지라도 해를 받지 아니하며 병든 사람에게 손을 얹은즉 나으리라 하시더라." 이렇게 예수님께서 '너희에게 이런 표적이 따를 것이라.' 하고 마무리하는 것이 마가복음입니다.

다시 말하면, 마가복음을 기록하게 하신 것은 '종으로 오신 예수', '우리 인간들을 섬기기 위해서 오신 예수'라는 주제를 가지고 기록하게 하신 것입니다. 인간들에게 도움을 주는 부분들을 능력을 통해 계속 나타낸 것이 마가복음 처음부터 끝까지의 내용입니다. 예수님께서 '나는 섬김을 받으러 온 것이 아니라 섬기러 왔다.'고 하셨습니다.

그다음에 누가복음은 인자로 오신 예수에 대해 기록했습니다. 누가는 의사입니다.

그 당시에도 의사는 부요했기 때문에 누가복음에는 부자 청년 이야기를 비롯해 돈에 대한 이야기가 많습니다. 쉽게 말하면, 부유한 사람들과 이지적인 사람들이 예수를 알게 하기 위해서 기록하신 말씀이 누가복음입니다.

예수님은 참하나님이시며 참사람이십니다.

인자로 오신 예수님이 우리와 같은 모습으로 오셨지만, 그분은 참하나님이시며 하나님의 형상으로 오신 분이심을 나타냅니다.

예수는 하나님이시며 참사람이십니다. 우리는 그분의 형상과 모양대로 만들어진 그분의 복사판입니다. 그러므로 사람의 원형은 하나님이십니다. 보이지 않는 하나님의 보이는 형상으로 오신 분이 예수님이기 때문입니다.

그래서 누가복음은 족보가 아래에서 위로 올라갑니다. 누가복음 3장 23절 이하에 보면, "예수께서 가르치심을 시작할 때에 삼십 세쯤 되시니라 사람들의 아는 대로는 요셉의 아들이니 요셉의 이상은 헬리요." 그렇게 위로 올라가다가 29절에 보면, "그 이상은 예수요 그 이상은 엘리에서요 그 이상은 요림이요…", 31절에 "그 이상은 멜레아요 그 이상은 멘나요 그 이상은 맛다다요 그 이상은 나단이요 그 이상은 다윗이요…그 이상은 야곱이요 그 이상은 이삭이요 그 이상은 아브라함이요… 그 이상은 노아요 그 이상은 레멕이요 그 이상은 므두셀라요 그 이상은 에녹이요… 그 이상은 아담이요 그 이상은 하나님이시니라."고 나옵니다.

사람들이 알기로는 예수가 요셉의 아들이라고 알고 있지만 원래 족보상으로 이분은 하나님의 아들입니다. 이 땅에 오신 예수가 4대 성인 중에 한 사람이 아니라 그분은 인자, 참사람으로서 하나님의 아들입니다.

요한복음은 '예수는 곧 하나님'이시라는 것에 관해 기록했습니다. 요한복음 1장 1절에 "태초에 말씀이 계시니라 이 말씀이 하나님과 함께 계셨으니 이 말씀은 곧 하나님이시니라."라고 했습니다.

도마가 부활하신 예수를 의심할 때 예수님께서 '의심하지 말고 네 손가락을 집어넣어서 나의 창 자국과 못 자국을 확인해

봐라. 그리고 믿음 없는 자가 되지 말고 믿음 있는 자가 되라.' 고 하십니다. 그러자 도마가 '나의 주시요 나의 하나님이십니다.'라고 고백한 것입니다.

다시 말하면 요한복음은 '이 땅에 오신 예수는 하나님이십니다.'라고 고백하는 것이 요한복음의 주제인 것입니다.

이처럼 하나님께서는 장차 이 땅에 태어날 우리들에게 이 땅에 오신 예수를 잘 알고 믿게 하기 위해서 4복음서를 기록하게 하셨습니다. 그만큼 하나님께서는 예수를 정확히 알고 믿기를 원하십니다.

만일에 예수를 정확히 알기를 원하지 않는다면, 이렇게 두꺼운 성경 66권을 우리에게 주실 필요가 뭐가 있겠습니까?

그러나 이 땅에 오실 예수, 이 땅에 오셨던 예수, 다시 오실 그 예수를 잘 알고 믿고 영생케 하기 위해서 하나님께서 예수에 대하여 예언하고 가르쳐 주는 66권의 성경을 우리에게 주셨습니다. 그래서 예수를 잘 알고 믿어야 되는 것입니다.

물론, 우리가 예수의 이름을 부르면 구원을 받습니다. 그러나 그건 구원을 받는 게 목적인 불신자 때의 이야기입니다. 우리가 구원받은 후에는 천국 에 가서 상급받고 예수님과 천국에서 영원히 사는 것이 우리의 목적입니다.

그냥 예수만 믿고 구원받으면 끝나는 것이 아니라 목적이 또 있는 것입니다. 예를 들어, 아이들이 공부할 때에는 일류대학교에 입학하는 게 목적이지만, 입학하고 나서 '이제 됐다.' 하고 공부를 하지 않고 놀기만 한다면 뭐가 되겠습니까?

입학한다는 첫 번째 목적은 달성했지만 그때부터 다음 목적을 위해 또 공부를 해야 하는 것과 같습니다. 우리가 구원받은 것은 굉장히 중요합니다. 그러나 그걸 완성했다고 해서 끝난 것이 아니라 더 많은 상급과 면류관으로 하나님 은혜에 감사하는 삶이, 구원받은 우리들이 살아야 할 성숙한 신앙의 삶이 되는 것입니다.

저도 이 세상에 살다가 언젠가 때가 되면 세상을 떠날 것입니다. 그때 저를 아는 사람들이 "그 양반 목회 잘하고 참 잘 살다가 갔다." 그렇게 평가를 한다고 가정을 합시다.

그래서 저를 아는 사람들이, '우리가 그 양반 살았던 삶을 보고 배울 필요가 있다. 우리가 그 양반에 대해서 기록을 해 두자.' 했을 때, 저를 본 사람이나 신앙생활을 같이했던 후배들이 저에 대해서 기록해 놓아야, 그들이 죽은 후에도 그 후손들이 "아! 수지산성교회를 설립하고 개척해서 목회했던 황규식 목사라는 양반이 이렇게 이렇게 했대." 하고 알 수 있는 것입니다.

기록이 없으면 저와 함께 신앙생활을 했던 사람이 죽고 난 후엔 그 후손들은 저를 알 수가 없습니다. 그래서 사람들이 후손들에게 저에 대해서 좀더 정확히 설명할 필요가 있어서 저에 대해서 책을 쓴다고 가정해 봅시다.

A라는 사람은 앞에서 본 제 모습을 '얼굴이 비교적 잘생겼더라.' 이렇게 기록하고, 옆에서 본 B라는 사람은 '그 양반이 앞에서 본 것과 달리 배가 좀 나왔더라.'고 기록했습니다. C라는 사

람은 '뒤에서 보니까 흰머리가 많은데 밑에만 까맣더라. 어떻게 흰머리가 그렇게 날까?' 이렇게 봤다고 합시다.

그러면 제가 죽은 후에도 저와 같이 신앙생활을 했던 사람들이 저에 대해서 쓴 책을 읽어보면, 저를 보지 못했던 사람이라도 A와 B와 C가 자기가 본 관점에서 기록한 것을 읽고 종합해서 제 모습을 상상해 볼 수 있지 않겠습니까?

이것처럼 예수님과 함께 있었던 제자들이 예수님에 대해서 기록을 해야 되는데, 한 사람이 다 기록했으면 자기의 개인적인 주관이 들어갔을지도 모른다는 오해를 살 수도 있습니다.

그렇기 때문에 각각 마태는 왕으로 오신 예수라는 관점에서, 또 마가는 종으로 오신 예수라는 관점에서, 또 누가는 인자, 하나님의 아들로 오신 예수라는 관점에서, 요한은 예수는 하나님이시라는 관점에서 기록하게 한 것입니다.

이렇게 기록해서 4복음서로 묶어 놓으니까 예수를 전혀 본 적도, 육체로 오신 예수를 만난 적도 없지만 4복음서를 보면서 이 땅에 오신 예수에 대해서 잘 알 수 있는 것입니다.

왜 이렇게 하셨겠습니까? 너희들이 살아갈 동안 예수를 알아야 하는데, 그 이유는 예수의 도움이 너희에게 필요하기 때문에 예수를 잘 알고 믿으며 도움을 받으라는 것입니다.

그리고 그 예수는 너희를 데리러 다시 오실 것이니, 그런 사실을 잘 알고 예수를 믿고 예수와 함께 영생을 준비하도록 하기 위해서 신약과 구약 모두 예수에 대하여 기록해서 우리에게 성경을 주신 것입니다.

이제 남은 것은 다시 오실 예수, 우리를 데리러 오실 예수를 기다리고, 예수를 만나는 것이 우리가 마지막으로 가져야 할 소원입니다.

전에 나환자들이 살고 있는 소록도라는 곳에 갔었습니다. 소록도에는 교회가 5개나 있고, 거기 있는 나환자들의 95%가 기독교인입니다.

제가 그 중 한 교회를 방문했는데 그 날 교회 앞마당에서 장례식을 치르고 있었습니다.

그래서 제가 가서

"아, 장례예배를 드리시는군요."

그랬더니 거기에 있던 나환자 한 분이 저한테,

"우리는 장례예배가 아니고 환송예배를 드리는 것입니다."

라고 했습니다.

저는 깜짝 놀랐습니다. 제 눈에는 장례식으로 보였는데 그들은 환송예배를 드리고 있다고 했습니다. 벌써 보는 관점이 저하고는 달랐습니다.

그래서 얼굴이 빨개져서 예배를 드리고 찬송을 부르는데, 그들이 찬송을 얼마나 힘차게 부르는지 모릅니다.

찬송가 299장 '천국에서 만나보자 그날 아침 거기서' 이 찬송을 부르는데 이들이 정말 감격적으로 부릅니다. 그 사람들은 코도 문드러지고, 입도 문드러지고, 손가락도 문드러져서 정상이 아니었습니다.

그런데 그 손으로 박수를 치는데 손가락이 있어야 마주쳐서

'짝짝' 소리가 나는데 뭉그러져서 없으니까 '쿵쿵' 소리를 내며 박수를 치며 찬송을 부르는데 참 감격스러웠습니다. 삐뚤어진 입과 삐뚤어진 코를 가진 그들이 성령 충만하여 찬송을 부르는데 저는 너무나 감격했습니다.

그들의 소원은 오직 천국입니다. 이 땅에서는 소망이 없습니다. 그들은 가족과 다 떨어져 혼자서 소록도에 갇혀서 일생을 사는데 무슨 육신적인 소망이 있겠습니까? 그들의 소망은 오직 예수님, 천국입니다. 얼마나 열렬히 찬송을 부르는지 모릅니다.

그들은 오직 천국에 대한 소망과 오직 예수에 대한 소망뿐입니다. 살아 있는 동안, 비록 몸은 나환자지만 어떻게 하든지 하나님을 위해 살고 천국의 삶을 준비하려고 합니다.

그들이 상급을 쌓기 위해서 헌금을 하고 싶은데 돈이 없으니까 배급 쌀이 나오면 금식을 하고 방문객한테 그 쌀을 판 돈을 가지고 주일에 헌금을 합니다.

그들이 5개 교회를 건축할 때도 돈이 없으니까 몸으로 봉사를 합니다. 소록도 해변에 양동이를 이고 나가서 모래나 자갈돌을 담습니다. 손가락이 없으니까 손에 숟가락을 고무줄로 묶어서 그 숟가락으로 자갈돌을 주워서 그들이 교회를 지었습니다. 얼마나 많은 땀방울을 흘려야 했겠습니까?

그들은 소망이 오직 천국이고 오직 예수입니다. 자기네가 살아 있는 동안 예수님이 재림하면 예수님을 만나서 병든 몸 치료받고 새로운 몸으로 부활할 것이고, 살아 있는 동안 예수님 못 만나면 천국 가서 예수님을 만나서 영생할 것이므로 소록도 나환자의 평생 소원은 오직 예수, 그리고 천국을 준비하고 있었습니다.

저는 이 사람들을 보면서 얼마나 부끄러웠는지 엄청나게 회개했습니다. 제가 소록도를 방문했을 때가 목회를 처음 시작했을 때였는데, 큰 도전을 받고 회개를 엄청나게 했습니다.

'내가 목회를 한다고 하지만, 이렇게 나환자로서도 예수를 위해서 살려고 노력하는데 나는 과연 목회자가 되어서 무엇을 하려고 목회를 시작했는가?'

그때 제가 거기서 깨달은 것들이 제가 목회하는 데 일생의 지표가 되었습니다.

천국의 상급을 준비해야 합니다.

우리는 사지 육신 멀쩡한 것 때문에 예수를 덜 의식하지 않습니까? 찬송가를 부를 때 박수 좀 치라고 하면, 손에 종기가 났는지 죽기를 각오하고 박수를 안 치는 사람이 있습니다. 기껏 친다는 것이 의자 밑에서 툭툭 대충 칩니다.

그 나환자들은 박수를 치고 싶어도 손가락이 문드러져서 박수를 못 치니까, 그 문드러진 손으로 어떻게든지 내가 하나님을 찬양해야 되겠다는 믿음으로 쿵쿵거리면서 박수를 치는데, 우리들은 이 좋은 열 손가락 가지고 왜 박수를 못 치는 것입니까?

우리 같은 것들을 죄와 사망에서 건져주시고 우리에게 영생을 주시는 그분은, 이 땅에 오셔서 약속대로 죽으셨는데 우리가 예수 믿는다고 하면서 뭐가 부끄러워서 예수님을 찬양하는 박수 치기를 부끄러워합니까?

찬송 부를 때 입도 안 여는 사람들, 찬송을 부르면서 온갖 생각을 다하면서 입으로만 중얼중얼하는 사람들은 회개 많이 해야 합니다.

소록도의 그들은 오직 소망이 예수요 천국이며 어떻게 하든지 천국의 삶을 준비하고 자기의 영생을 준비하기 위해서, 천국의 상급을 준비하기 위해서 그렇게 애쓰고 오직 그 일념 하나로 살고 있습니다.

아마 천국에 가면, 소록도의 나환자들이 좋은 자리는 다 차지하고 있을 것 같다는 생각이 들었습니다.

제가 그곳에서 왜 하나님께서는 수천 년에 걸쳐서 우리에게 예수를 알게 하려고 애쓰셨는지, 또 왜 우리에게 다시 오실 예수를 기다리라고 요한계시록을 마지막으로 보내주셨는지를 깨닫고 교회로 돌아왔습니다.

그리고 여러 가지 생각을 많이 했습니다. 그리고 제 아내와 어떻게 해야 하나님 앞에 모든 것을 다 드릴 수 있겠는지 이야기를 나누었습니다. 드리기로 마음을 결단하고 다 드린다고 했는데도 무엇을 더 드리고 싶었습니다.

제가 목회를 시작할 때, 분당 시범단지 50평 아파트의 시세가 9천만원 정도 했는데 살고 있던 서울의 아파트를 팔아 전 재산인 1억원을 하나님 앞에 다 드렸습니다.

그런데 소록도에 다녀와서 무엇이든지 더 드려야겠다는 생각이 들어 아내와 의논을 했습니다.

그때 알아보니까 장기기증을 하는 게 있었습니다. 그래서 제가 죽으면 쓸 수 있는 건 다 기증했는데 우선 예수를 믿으려고 하는 사람에게, 아니면 예수를 믿는 사람에게 주라고 단서를 달았습니다. 이렇게 죽어서라도 예수를 전하고 예수를 믿게 하고 싶었습니다.

저 같은 경우에는 제가 죽어도 장례식 할 일이 없습니다. 제가 우리 아이들에게 "내가 죽거든 장례식 같은 거 절대로 하지 말고 너희들이 서운하면 그냥 기념예배나 드려라." 하고 말해 두었습니다. 제가 우리 자손들을 아주 편하게 해 주었습니다.

장기기증을 할 수 있는 사람은, 특히 예수 믿는 사람은 장기기증을 많이 해야 합니다. 왜냐하면 예수 믿는 사람은 죽어도 육신의 장기가 쓸 것이 많기 때문입니다.

예수 믿는 사람들은 술·담배를 안 하니까 장기가 비교적 깨끗합니다. 장기기증할 자신이 없다면 화장하시기를 권합니다. 괜히 무덤을 만들면 설날·한식·추석 등 때마다 후손들 고생만 시킵니다.

영혼이 떠난 육체는 아무것도 아닙니다. 흙으로 돌아가면 끝입니다. 화장하면 얼마나 간단하고 깨끗합니까? 어떤 사람은 화장하면 뜨거워서 어떻게 하냐고 묻습니다.

터무니없는 이야기지만 아무리 뜨거워도 요즘은 화장기술이 좋아서 한 시간 정도면 모든 것이 끝나니까 차라리 한 시간 정도 뜨거운 게 낫습니다. 무덤을 파보면 묻은 지 얼마 안 된 시체는 구멍마다 구더기·뱀·쥐 할 것 없이 온몸을 파먹어서 바글바글합니다.

그게 몇 년씩 가는데 차라리 한 시간 뜨거운 게 낫지, 무덤 속에서 몇 년씩 구더기한테 괴로움당하는 게 낫겠습니까? 장기기증은 못 할망정 무덤은 만들지 않기를 바랍니다.

장기기증을 하려면 자식들의 동의가 있어야 합니다. 그래서 저희 자식들이 초등학교에 다닐 때 도장을 찍어서 장기기증을 했습니다. 언제 무슨 일이 생길지 모르니까 그 후로 늘 수첩에다 장기기증 증서를 가지고 다닙니다.

그리고 제 몸 중 쓸 수 있는 것은 예수 믿는 사람에게 나눠주라고 제 아내하고 다짐을 했습니다.

하나님께서 우리에게 예수를 알게 하기 위해서, 예수를 믿게 하기 위해서 이렇게 노력을 하시는데, 목회자로서 내가 죽더라도 이 육체를 가지고 예수님을 알게 해야 될 것이 아니겠습니까?

어찌하든지 예수를 알고, 예수를 믿고, 예수를 의지하고, 예수를 위해서 살려고 할 때 여러분의 삶은 진정으로 성공하는 것입니다. 할렐루야!

하나님의 열심을 여러분들이 이해하시고 예수를 위해서 사는 여러분들이 되시기를 예수님의 이름으로 축원합니다. 아멘!

기드온 성경대학(G.B.C.) 시리즈 제8과 : 요한복음 8:1~11

8. 율법과 은혜

"예수는 감람 산으로 가시니라 아침에 다시 성전으로 들어오시니 백성이 다 나아오는지라 앉으사 그들을 가르치시더니 서기관들과 바리새인들이 음행중에 잡힌 여자를 끌고 와서 가운데 세우고 예수께 말하되 선생이여 이 여자가 간음하다가 현장에서 잡혔나이다 모세는 율법에 이러한 여자를 돌로 치라 명하였거니와 선생은 어떻게 말하겠나이까 그들이 이렇게 말함은 고발할 조건을 얻고자 하여 예수를 시험함이러라 예수께서 몸을 굽히사 손가락으로 땅에 쓰시니 그들이 묻기를 마지 아니하는지라 이에 일어나 이르시되 너희 중에 죄 없는 자가 먼저 돌로 치라 하시고 다시 몸을 굽혀 손가락으로 땅에 쓰시니 그들이 이 말씀을 듣고 양심에 가책을 느껴 어른으로 시작하여 젊은이까지 하나씩 하나씩 나가고 오직 예수와 그 가운데 섰는 여자만 남았더라 예수께서 일어나사

여자 외에 아무도 없는 것을 보시고 이르시되 여자여 너를 고발하던 그들이 어디 있느냐 너를 정죄한 자가 없느냐 대답하되 주여 없나이다 예수께서 이르시되 나도 너를 정죄하지 아니하노니 가서 다시는 죄를 범하지 말라 하시니라"(요 8:1~11).

하나님의 말씀은 하나님의 뜻입니다. 우리가 하나님의 말씀을 들을 때, 하나님의 뜻을 깨닫고 순종할 때, 말씀이 우리 속에서 역사한다고 하였습니다.

하나님께서, 처음부터 범죄했던 죄의 아비인 마귀는 끝까지 지옥에 보내리라고 뜻을 세우셨고, 마귀에게 속아서 범죄한 인간들은 구원하리라고 뜻을 세우셨습니다. 그러므로 우리는 범죄한 인간을 구원하시려는 하나님의 뜻을 알고 하나님 앞에 나가야 됩니다.

아담이 하나님의 말씀을 어김으로 영이 불순종하여 범죄하자 육체에 저주가 나타났습니다. 그런데 아담 이후에 인류가 늘어나면서 사람들이 육체의 저주를 받으면서도 그 원인이 무엇 때문인지, 자기들이 죄인이었다는 사실조차도 모르는 것입니다.

그러나 모른다고 해서 죄인이 아닌 것은 아닙니다. 왜냐하면 영은 유전되는 것이기 때문에 모든 인간들은 다 영적으로 죄인입니다. 그래서 하나님이 보시기에도 세상에 죄악이 관영할 때마다 하나님이 인간들을 심판하시고, 영의 원죄 때문에 인간들은 육체에 저주를 받고 망해가는 것입니다.

아브라함을 택하신 하나님

하나님께서는 이러한 인간들에게 구체적으로 구원의 은혜를 베풀어 주시려고 한 사람을 택하셨으니 바로 아브라함입니다. 원래 아브라함은 우상을 섬기는 데라의 맏아들입니다.

아버지인 데라의 밑에 살면서 장자인 아브라함은 우상을 섬기는 아버지의 죄 때문에 저주를 받는 것입니다. 아브라함에게 나타난 저주는 75세가 되도록 자식이 없는 것이었습니다.

그렇게 망할 수밖에 없는 아브라함을 하나님께서 부르셔서, 본토 친척 아비 집을 떠나서 내가 하는 말을 좇아 살면, 지금부터 하나님의 복을 받는 복의 근원으로 바뀔 수 있다고 말씀을 주셨습니다.

성경에 하나님께서 말씀하시기를, 조상이 우상을 섬겼으면 조상의 죄 때문에 그 저주가 자손의 3, 4대까지 내려간다고 하였습니다.

우리가 좋은 부모님 밑에 내어나면 부모의 덕을 보지만, 좋지 못한 부모 밑에 태어나면 좋지 못한 영향을 받게 되는 것처럼, 영적으로 우리의 부모나 조상이 어떤 상태를 유지하고 있느냐에 따라서 영적인 저주가 자손 3, 4대까지 내려간다는 것입니다.

여러분의 조상들이 예수를 잘 믿은 믿음의 조상들이었으면 여러분은 많은 복을 받은 것이고, 조상들이 예수를 믿지 않고 우상을 섬기거나 점쟁이 · 무당 · 박수 · 스님이었거나 절을 많이 지었거나 하는 이런 계통의 조상들이었다면, 여러분은 어쩔 수 없이 그 조상들의 죄 때문에 여러분 육체의 삶 속에 저주가 밀려 내려올 수밖에 없다는 사실을 잘 알아야 합니다.

아브라함이 그런 처지의 사람이었습니다. 여호수아 24장 1~2절에 보면, 아브라함의 아비 데라는 우상을 섬기던 사람이었고, 아브라함에게 그 저주가 이어져 75세가 되도록 자식을 못 낳았습니다.

그러나 하나님께서 아브라함을 부르시면서, '너는 운명적으로 그 죄의 영향 때문에 저주를 받을 수밖에 없지만 지금부터 본토 친척 아비 집을 떠나 내 말대로 순종하면 이제부터 육체의 저주를 받은 처지에서 하나님의 복을 받는 처지로 바뀔 수 있다.'고 말씀하셨습니다.

아브라함이 이삭을 낳고 이삭은 야곱을 낳습니다. 야곱의 이름이 이스라엘로 바뀝니다. 야곱의 뜻은 '사기꾼'이라는 뜻이고 '남의 발목, 발뒤꿈치를 잡았다'라는 뜻입니다.

야곱은 형 에서와 쌍둥이로 태어났으나 간발의 차이로 에서가 장자로 태어났습니다. 태어날 때부터 어떻게 해서든지 추월해서 나오려고 형 발목을 잡고 나왔으나, 어쩔 수 없이 순서대로 나오고 말았습니다. 요즈음에도 남의 발목을 잡는다는 것은 좋지 않은 뉘앙스입니다.

그런데 야곱이 얍복 강 나루터에서 "하나님, 저를 축복해 주세요." 하고 간절히 기도해서 결국은 하나님이, "내가 지금부터 네 이름을 야곱이라 하지 않고 이스라엘이라고 하겠다. 이는 사람이 하나님과 겨뤄서 이겼다."는 뜻이라고 하시면서, 야곱의 이름을 이스라엘로 바꿔 주셨습니다.

오늘 우리도 마찬가지입니다. 우리도 예수 믿기 전에는 어쩔 수 없이 예수 안 믿는 불신 조상들의 죄의 저주를 받을 수밖에 없지만, 예수를 믿음으로 말미암아 그 저주를 받는 운명에서 하나님의 복을 받는 운명으로 바뀌는 것입니다. 이는 바로 야곱이 이스라엘이 되는 사건과 같은 것입니다.

이스라엘에게 12지파인 열두 아들이 생깁니다. 이 열두 아들이 애굽에 가서 살게 되는데, 결국 이들은 망하게 됩니다. 그러자 모세를 보내 주셔서 그들을 출애굽시킵니다.

출애굽 후 광야에서 하나님은 모세를 통해 이스라엘 백성들에게 율법을 주셨습니다. 그전에는 하나님이 사람들에게 부분적으로 말씀을 주셨습니다. 아담에게 "아담아, 너 동산에 있는 각종 실과를 따먹되 선악을 알게 하는 실과는 따먹지 말아라.", 또 노아에게 "노아야, 너는 방주를 지어라." 아브라함에게 "아브라함아, 너는 본토 친척 아비 집을 떠나 네게 지시할 땅으로 가라." 이렇게 이스라엘 백성들에게는 부분적으로 사람에 따라서 한 말씀씩 법을 주셨습니다.

그런데 이제 이스라엘 백성들을 출애굽시키고 나서 광야에서 문서화된 법을 주셨습니다. 그것이 바로 율법, 십계명입니다. 이것이 하나님의 백성에게 주시는 하나님의 법입니다.

이때부터 이스라엘 백성은 하나님의 법을 지키는 민족이 되었고, 이를 지킴으로 하나님의 자녀답게 살아갈 수 있는 축복을 받게 된 것입니다.

이 세상에는 법이 있습니다. 법은 좋은 것이지만 양면성이 있습니다. 그 하나는 정죄의 기능입니다. 법이 없으면 죄가 죄로 드러나지 않습니다. 노상방뇨로 예를 들어보면, '노상방뇨가 죄다.'라는 법이 만들어지지 않았을 때에는 이것이 좋지는 않지만 이를 정죄할 기능이 없었습니다.

그러나 '노상방뇨가 죄다.'라는 법이 만들어진 후에 노상방뇨한 사람을 잡아갈 수가 있는 것입니다.

또한 법은 법을 지키는 많은 사람을 보호하는 기능이 있습니다. 그런데 정죄를 하든, 보호를 하든 법은 좋은 것입니다. 정죄를 해야 죄가 줄어들기 때문입니다.

율법의 두 가지 기능

하나님께서 이스라엘 백성들에게 주신 율법에도 두 가지 기능이 있습니다. 영적인 기능과 육적인 기능입니다.

첫째, 영적인 기능은 영적으로 하나님 앞에 죄인임을 깨닫게 하는 정죄의 기능입니다. 하나님께서 주신 그 법을 어기면 이스라엘 백성들은 "하나님, 잘못했습니다." 하고 하나님 앞에 죄인이라고 고백합니다.

둘째, 육적인 기능은 복과 저주의 기준으로서 율법을 지키면 육체가 복을 받고, 지키지 않으면 육체가 저주를 받게 됩니다.

유대인들이 전 세계 보물의 70%를 쥐고 있는 것도 유대인들이 지금도 율법을 지키는 민족이기 때문입니다.

이스라엘 민족이 광야에서 40년간을 살았습니다. 그 광야는 사람이 스스로 살아갈 수 없는 곳입니다. 이 백성들이 광야에서 농사를 지은 적이 없음에도 불구하고 그들은 항상 하나님이 주신 만나를 먹고 살았고, 반석을 쳐서 물을 주셨고 고기가 먹고 싶으면 메추라기를 내려 주셨고, 그들의 옷이 해지거나 발이 붓지 않고 40년 동안 살 수 있었던 것은 그들이 광야에서 하나님의 계명을 지켰기 때문입니다.

그러므로 여러분들이 하나님의 율법을 대하실 때, 영적인 기능으로 우리는 하나님 앞에 죄인임을 깨닫게 하는 정죄의 기능이 있고, 육체의 기능으로는 이 율법을 지키면 육체가 복을 받는다는 육적인 기능을 갖고 하나님께서 우리에게 계명을 주셨다는 사실을 알아야 합니다.

법을 잘 지키는 나라에서는 법이 참 좋은 것이라고 느끼고 어찌하는지 법을 지키려고 노력합니다. 예수 믿는 사람들도 하나님이 주신 율법을 대할 때 "율법은 좋은 것이야."라는 개념을 가지고 나가야 합니다.

율법의 영적인 기능은 정죄하는 것인데, 이 정죄를 통해서 결국은 하나님께 용서받을 수 있도록 인도하는 기능을 하는 것입니다.

가령 어떤 사람이 간음했다고 하면 그 사람은 일곱 번째 계명을 어긴 하나님 앞에 죄인으로, 율법에는 돌에 맞아 죽게 되어 있습니다. 그가 죽을 죄인임을 모른다면 그 사람은 굳이 삶에 대한 애착을 갖지 않을 것입니다. 죽음 앞이라는 것 때문에 거기에서 살 길을 찾으려고 애쓰는 것입니다.

예를 들어, 어떤 사람이 암에 걸렸는데, 가족들은 환자가 암인 것을 알면 충격을 받을까 봐 숨기려고 합니다. 그 암이라는 병을 알려서 그 사람이 빨리 죽고 안 알린다고 해서 늦게 죽는 것이 아닙니다. 결국은 죽습니다.

그런데 차이점이 있습니다. 자기가 암이라는 사실을 모르고 있으면 "나는 위궤양이니까." 하고 살려는 노력을 하지 않습니다. 그런데 "당신은 암 3기입니다." 하고 말하면 "어떻게 살 수 있는 길은 없습니까?" 하고 살 방법을 찾습니다.

그래서 여러분 주위에 불치병 걸린 사람이 있으면, 반드시 그 사람에게 정확한 병명을 말해 주어야 합니다. 그래야 그 사람이 마지막으로 살 길을 찾으려고 합니다. 위암인데 "위궤양이래요. 예수 믿으세요." 하면 절대로 믿지 않습니다. "당신은 암입니다. 3개월 밖에 못 삽니다." 하면 그때부터 죽음을 준비하고 예수를 전하면 예수를 믿으려고 합니다.

그렇게 해서 그의 육체가 병 고침 받을 수 있는 길이 있고, 육체가 병 고침 못 받을지라도 영혼이 구원받을 수 있고, 또는 생명이 연장될 수 있는 일도 얼마든지 가능합니다.

그래서 정죄의 기능은 반드시 당신은 하나님 앞에 죄인이므로 이런 저주를 받을 수밖에 없고, 지옥에 갈 수밖에 없다고 정확히 진단을 내려줘야 살 길을 찾습니다.

이스라엘 백성들은 율법을 어기면 육체에 저주를 받습니다. 저주받고 나서 율법을 어긴 것에 대해 짐승을 잡아서 속죄의 피를 하나님 전에 올립니다.

그러면 자기가 율법을 어겨서 하나님 앞에 죄인이므로 육체가 벌은 받았지만 짐승의 피를 뿌렸기 때문에, 언젠가 우리의 죄를 대속해 주시는 메시아가 와서 피를 흘리면 그때라도 나는 죄를 용서받을 수 있다는 한 가닥 기대를 가지고 짐승의 피를 뿌리려고 합니다.

그런데 정죄하지 않으면 그 사람은 내가 무슨 죄인이냐며 예수 믿을 생각을 하지 않습니다. 그러면 그 사람은 이 땅에서 저주받게 되고 그 영혼은 죽으면 지옥에 가게 되어 있습니다. 피할 길이 없습니다. 그래서 하나님 앞에 죄인임을 깨닫게 하고, 예수께로 인도하기 위해서 먼저 정죄의 기능이 있는 것입니다.

불신자들한테 "당신은 죄인입니다. 당신은 죽으면 지옥 갑니다." 하면, 대번에 반박을 합니다.

"내가 무슨 죄인이요? 내게 무슨 죄가 있소?"

그럴 때 뭐라고 말하겠습니까? 하나님의 법인 십계명이 씌어져 있는 찬송가의 뒤를 펼쳐 가르쳐 주십시오.

"이것은 하나님이 인간들에게 주신 계명인데 이 계명은 하나님의 법입니다. 내가 당신에게 죄인이라고 하는 것은 세상 법을 어겨서가 아니라 당신이 하나님의 법을 어긴 하나님 앞에 죄인이라는 뜻입니다. 사람이 이 세상에서 세상의 법을 어기면 세상법이 정죄하고 심판하는 것처럼, 당신이 하나님의 계명을 어기면 당신은 하나님 앞에 죄인이고 하나님의 심판을 받을 수밖에 없습니다."

이렇게 설명을 해 주면서,

"그러나 당신이 우리의 모든 죄를 대속해 주신 예수 그리스도만 믿으면, 모든 죄를 용서받을 수 있습니다."

라고 예수를 믿으라고 가르쳐 줘야 하는 것입니다.

불신자들에게 "당신이 죄인입니다."라고 할 때에는 당신이 어떠어떠한 법을 어겨서 죄인임을 설명해 줘야 그 사람이 이해할 수 있습니다.

"당신이 세상 법을 어기지는 않았지만 하나님의 법을 어겼기 때문에 결국은 하나님의 심판을 받을 수밖에 없습니다. 하나님의 심판은 당신의 영은 지옥 가는 것이고 육체는 저주받는 것입니다."

정확히 설명해 주면서 믿으라고 해야 그 사람이 결정할 수 있습니다. 그렇게 해서 본인이 안 믿는다면 어쩔 수 없지만 믿으면 구원받는 것입니다.

우리가 불신자들한테 전도할 때, 그 불신자의 입장에서 이해할 수 있도록 복음을 전할 필요가 있습니다. 로마서 3장 19~20절 말씀입니다.

"우리가 알거니와 무릇 율법이 말하는 바는 율법 아래에 있는 자들에게 말하는 것이니 이는 모든 입을 막고 온 세상으로 하나님의 심판 아래에 있게 하려 함이라 그러므로 율법의 행위로 그의 앞에 의

롭다 하심을 얻을 육체가 없나니 율법으로는 죄를 깨달음이니라."

율법으로는 하나님 앞에 지은 죄를 깨닫는 것입니다. 율법은 하나님의 말씀, 하나님의 계명으로 아담이 하나님의 말씀을 어겨서 그의 영이 죄인이 된 것처럼, 하나님께서 열 가지 계명과 율법을 주시면서 다양하게 하나님의 법을 어긴 죄인이라는 사실을 깨우쳐 주시기 위해서 성문화된 법을 주신 것입니다.

구약에 아담은 "선악과를 따 먹지 말라."는 한 가지 법만을 받았지만, 이렇게 많은 법을 주신 것은 여러 가지 죄를 지은 많은 사람들에게 하나님 앞에 죄인이라는 것을 깨닫게 하기 위한 것입니다.

율법은 철저합니다. 예외가 없습니다. 율법을 어기면 왕도 제사장도 선지자도 필요 없습니다. 만인은 법 앞에 평등하다는 것이 법의 정신입니다. 마찬가지로 율법 앞에는 모든 사람이 평등합니다. 율법을 어기면 아주 엄하게 정죄를 받습니다.

그러나 엄힌 것으로 끝나는 것이 아니라 엄하게 적용을 해서 하나님 앞에 죄인임을 깨닫게 하고, 그로 말미암아 용서를 받으려는 마음이 일어나서 결국은 용서하시는 예수께로 인도하기 위해서 율법이 엄격하게 정죄의 기능으로 나가는 것입니다.

여러분들이 자녀를 키울 때에 어릴 때는 엄하게 키워야 합니다. '엄부(嚴父) 밑에 효자 난다'는 말이 있습니다. 요즘 젊은 사람들은 자기 자녀가 최고인 줄 알고 무조건 "오냐오냐!" 하고 말을 안 들어도 내버려두는데 결국은 자기 아이를 망치는 길입니다. 아이들은 철없을 때 엄하게 키워야 합니다. 되는 것은 되고 안 되는 것은 안 된다고 엄격하게 구분지어서 키워 나가야 합니다.

백화점에 가면 백화점 바닥에 누워 우는 아이들이 있는데, 그 엄마가 돈을 주면 즉시 그칩니다. 전부터 그렇게 했기 때문인데 그것은 아이를 망치는 길입니다. 마음이 좀 아프더라도 되고 안 되고 단호하게 선을 그어서 키우면 아이가 단념하는 것을 배웁니다.

그래서 어릴 때는 매를 좀 때려도 됩니다. 특히 여섯 살 이전에는 말을 안 들어서 매를 때려도 금방 "엄마!" 하고 달려옵니다. 그러나 그 이후에는 자기가 잘못했음에도 불구하고 매는 무조건 나쁘다고 생각해 부모에게 악감정을 갖게 됩니다.

저는 아들만 둘인데 우리 아이 둘을 참 엄하게 키웠습니다. 무엇을 사달라고 해서 애한테 필요한 것이면 "알았어, 사줄게." 하고 대답을 합니다. 7월에 사달라고 하면 대답만 하고 12월 크리스마스 선물로 줍니다. 그 대신에 분명히 약속을 지켜줍니다. 7월에 "사 줄게." 하면 크리스마스 때 주지만 아이는 이미 받은 것입니다.

그리고 안 되는 것은 "안 돼." 하고 자르면 더 이상 얘기를 안 합니다. 저는 지금까지 아이들이 어디 가서 떼쓰는 걸 본 적이 없습니다. 어릴 때부터 되는 것과 안 되는 것의 선을 그어주었기 때문입니다.

물론 지금은 성장했기 때문에 대화도 하고 인격도 존중해서,

아이들이 좋다는 것과 싫다는 것을 충분히 대화를 해서 풀어 나갑니다. 또 제가 목회를 하기 때문에 굉장히 바빠서 아이들을 일일이 가르칠 수가 없었습니다. 그래서 말로 교육을 시켰습니다.

아이들이 세살 터울 형제인데, 어렸을 때 동생에게 지금부터 형을 '형님'이라고 부르라고 했습니다. 그러니까 형님은 의젓해지려고 노력하고, 동생은 형님이니까 형님을 깍듯이 대접하고 다녀서 자라면서 지금까지 싸우는 것을 못 봤습니다.

그 호칭 하나로 형님과 아우 사이에 서열이 딱 잡힌 것입니다. 밥 먹을 때에도 제가 먼저 숟가락을 들고 아내가 들고 나서 큰 애, 작은 애 순으로 숟가락을 듭니다. 만일에 배고프다고 말단이 숟가락을 먼저 든 날은 곤란합니다. 아버지, 어머니, 형님, 동생 순서입니다.

어떤 때 동생이 빨리 먹고 싶을 때에는 형님 빨리 오라고 합니다. 맛있는 것이 있으면 우리 가족은 항상 저부터 먼저 먹습니다. 맛있는 것이 있다고 부모를 젖혀놓고 아이부터 먼저 먹이면 커서 뭐가 되겠습니까?

교육적인 효과에서 부모를 공경할 수 있는 풍토를 어릴 때부터 심어줘야 아이들이 부모를 공경하는 것입니다. 조금 마음이 아프더라도 서열대로 해야 합니다. 밥을 먹고 나면 어머니의 수고를 덜도록 수저와 밥그릇을 싱크대에 갖다 놓습니다. 아이들도 갖다 놓습니다. 어릴 때부터 그것을 엄하게 교육시켰습니다.

그리고 아이들에게 "너희들 '어머니, 아버지'라고 불러라." 해서 어릴 때부터 불렀습니다. '엄마, 아빠' 하고 부르면 그 뒤엔 반드시 반말이 따라옵니다. '어머니, 아버지'라고 부르면 그다음에는 자연스럽게 존대말이 따라 나옵니다. 누가 가르쳐서 되는 것이 아닙니다.

그런데 문제가 생겼습니다. 초등학교에 들어가고 나서 어느 날 다른 애들이 놀린다고 이제부터는 '엄마, 아빠'라고 부르겠다는 것입니다. 그래서 국어책을 가져오라고 해서 책을 펴 주면서 "책에 어머니, 아버지, 형님이라고 써 있지?" 하고 보여주고 나서, 지금까지 '어머니, 아버지'라고 부르고 있습니다.

그때부터 아이들이 과격하지 않고 공손하게 잘 자라주었습니다. 그 흔한 욕도 못합니다. 왜냐하면 어릴 때부터 호칭 하나를 훈련시켰더니 반드시 그 뒤에는 공손한 말이 나왔고, 예의바르게 성장하게 된 것입니다.

어릴 때는 부모님의 말을 잘 이해 못하는데 그럴 때 주입식으로 말씀을 잘 심어줘야 합니다. 그리고 말을 안 들었을 때는 한번 호되게 때려줘야 합니다.

자식은 엄하게 키워야 합니다.

우리 작은애가 유치원에 다닐 때인데 하루는 500원 짜리를 가져와서 내놓는 것이었습니다.

"이 돈 어디서 가져왔니?"

"친구 집에 있어서 갖고 왔어요."

그래서 매를 가져오라고 해서 매가 부러지도록 때렸습니다. 제가 이모부가 집에 오시면 돈 훔치던 버릇이 있었기 때문에, 지금 잡아야지 큰일나겠다고 생각해서 때리고 나서 그 집에 데려가서 빌게 하고 500원을 돌려주고 집에 왔습니다.

그때부터 아이가 최영 장군이 되었습니다. 그다음부터는 집에 돈이 굴러다녀도 쳐다보지도 않고 절대로 돈에 손을 안 댔습니다.

그리고 다 크고 나서 아버지가 제일 무서웠던 때가 언제였느냐고 물어보니, 돈을 훔쳐서 맞았을 때라고 기억하고 있는 것입니다. 각인이 된 것입니다.

이렇게 어릴 때는 철저히 엄하게 교육해야 자녀들이 바르게 잘 자랄 수 있습니다. 그리고 아직 어린 자녀들에게는 '어머니, 아버지'라고 부르라고 적용해 보면 다른 교육이 필요 없고, 아이들이 공손하고 지혜롭고 착하게 자라게 됩니다.

어릴 때 주눅들게 하지 않고 엄하게 키운 결과로 커서도 부모를 존경하고 감사할 줄 압니다. 가끔 편지를 보면 좋은 부모님 밑에 태어난 것이 얼마나 감사한지 모른다는 것입니다.

특히 둘째 애가 군대에 가 보니 자기 부모를 원망하는 애들도 많은데, 자신은 아무리 생각해도 원망할 일이 없어서 좋은 부모님 밑에 태어나서 감사하다는 장문의 편지를 보냈습니다.

어렸을 때는 강제로 '어머니, 아버지' 하고 철없이 편지도 보내지만, 다 큰 아이들이 그런 편지를 보내니 너무나 감격스러워서 가슴이 찡했습니다. 우리는 전부 다 그런 부모가 되어야 합니다.

요한복음 8장의 사건을 보면 어떤 여인이 현장에서 간음하다 걸렸습니다. 원래 율법에는 현장에서 간음하다 걸리면 그것을 본 사람, 현장을 목격한 사람과 그것을 증명할 수 있는 사람 한 사람만 더 있으면 현장 즉결처형입니다. 그 자리에서 돌로 쳐 죽이면 됩니다. 그것이 율법입니다.

그런 서기관과 바리새인들이 현장에서 걸린 여인을 죽이지 않고, 손에 돌멩이를 든 채로 예수 앞으로 끌고 왔습니다. 그리고 예수님에게 묻습니다.

"선생님, 모세의 율법에 간음하다 걸리면 쳐 죽이라고 하였는데 당신은 어떻게 하시겠습니까?"

이것은 서기관과 바리새인들이 죄에서 구원하는 하나님의 아들이라고 하는 예수를 고소할 조건을 얻기 위해서 했다고 성경에 말하고 있습니다.

이는 굉장히 곤란한 일입니다. 예수님께서 아무 대답도 하지 않으시고 땅바닥에 뭐라고 써 내려가시더니, 다시 일어나서 '너희들 중에 죄 없는 자가 이 여자를 돌로 치라.'고 말씀하시고 계속 써내려 가시는 것입니다.

기세등등하던 이 사람들이 예수가 땅바닥에 쓰는 걸 보고 각각 돌을 버리고 전부 다 떠나고 말았습니다. 9절에 보니까 "저희가 이 말씀을 듣고 양심의 가책을 받아 어른으로 시작하여 젊은이까지 하나씩 하나씩 나가고 오직 예수와 그 가운데 섰는 여자만 남았더라."고 하였습니다.

예수님이 땅바닥에 뭐라고 쓰시니까 이 땅바닥에 쓴 글을 보더니 다 양심의 가책을 느꼈다는 것입니다. 십계명, 율법은 행위법입니다.

다시 말하면 이 계명을 행위적으로 어겼을 때 정죄할 수 있는 법이 십계명입니다. 열 번째 계명 "네 이웃의 집을 탐내지 말라 네 이웃의 아내나 그의 남종이나 그의 여종이나 그의 소나 그의 나귀나 무릇 네 이웃의 소유를 탐내지 말라"(출 20:17)는 마음으로 하는 것입니다.

제9계명 "네 이웃에 대하여 거짓 증거하지 말라."는 입으로 하는 것이고, 8계명 "도둑질하지 말라.", 제7계명 "간음하지 말라.", 제6계명 "살인하지 말라."는 몸으로 하는 것입니다.

이렇게 행위로 나타나는 죄악을 '하지 말라'는 법이 바로 율법의 기능인데, 열 번째 계명만은 이웃의 집이나 소유나 아내를 마음속에 탐내지 말라고 했습니다. 만일 마음속으로 이웃의 집이나 소유나 아내를 탐낸 적이 있으면 이미 계명을 어긴 자라는 것입니다.

예수님께서 그 계명을 써 나가시면서 거기에 덧붙여서 옛 계명에는 살인한 자만 율법을 어겼다고 말했으나, 내가 다시 말하노니 형제를 미워만 해도 너희는 이미 살인한 자이고, 옛 계명에는 간음한 자만 율법을 어긴 자라고 했으나, 내가 다시 말하노니 남의 여자를 보고 음심만 품어도 이미 간음한 자며, 도둑질한 자만 계명을 어겼다고 말했으나, 탐심만 품어도 이미 도둑질한 자라고 했습니다. 이렇게 행위법인 십계명을 마음으로만 어겨도 이미 벌써 계명을 어겼다고 하면서 그 계명을 쓰셨습니다.

이 사람들은 스스로를 의로운 사람이라고 여기고 여자를 돌로 쳐 죽이려고 했는데, 땅바닥에 써 내려가는 계명을 보고 양심에 찔린 것입니다. 드러나지는 않았지만 그들도 지나가는 여자를 보고 이상한 생각을 품은 적도 있고, 남의 집의 좋은 것을 보면 어떻게 하면 훔칠 수 없을까 하는 생각도 가졌었던 것입니다.

양심으로 계명을 어긴 적이 많이 있었는데 예수님께서 바로 그것도 율법을 어긴 것이라고 말씀하시니까, 이들이 각각 양심의 가책을 느껴서 여인을 정죄하지 못하고 돌을 버리고 각각 제 길로 갔다는 것입니다.

계명은 원래 행위로 계명을 어길 때 정죄하는 것인데 예수님이 오셔서 마음으로 어긴 것도 죄라고 정죄의 범위를 넓혀 놓았습니다. 계명만 있으면 행위를 어긴 사람만 정죄할 수 있고 마음으로 어긴 것을 정죄할 기능이 율법에는 없습니다.

그런데 예수님께서 양심으로, 마음으로 어긴 사람도 이미 율법을 어긴 것이라고 정죄의 범위를 넓혀 놓으심으로써 율법을 어긴 사람과, 마음으로 율법을 어긴 사람, 원죄를 지은 사람도 예수 앞에만 나오면 용서받을 수 있는 은혜를 주셨습니다.

마태복음 5장 27~28절 말씀입니다.

> **"또 간음하지 말라 하였다는 것을 너희가 들었으나 나는 너희에게 이르노니 음욕을 품고 여자를 보는 자마다 마음에 이미 간음하였느니라."**

예수님께서 지금까지는 간음한 자만 율법을 어겼다고 했으나, 여자를 보고 음욕을 품는 자마다 이미 마음이 간음했다는 것입니다.

여자가 지나갈 때 쳐다볼 수는 있지만 쳐다보면서 더 깊은 이상한 마음을 품는 것도 다 이미 간음한 자라는 것입니다. 이것은 남자나 여자나 다 똑같은 것입니다. 신성일을 보고 잘생겼다고 할 수 있으나 내 신랑이었으면 좋겠다는 생각을 먹으면 이미 마음으로 간음한 자라는 것입니다.

마태복음 5장 21~22절 말씀입니다.

"옛 사람에게 말한 바 살인하지 말라 누구든지 살인하면 심판을 받게 되리라 하였다는 것을 너희가 들었으나 나는 너희에게 이르노니 형제에게 노하는 자마다 심판을 받게 되고 형제를 대하여 라가라 하는 자는 공회에 잡혀가게 되고 미련한 놈이라 하는 자는 지옥 불에 들어가게 되리라."

옛사람에게 말한바 "살인하지 말라."는 계명은 행위법의 계명입니다. 그러나 예수님께서는, 형제에게 노하는 자마다 심판을 받게 되고, 또 형제에게 성질을 내면 이 사람은 이미 벌써 살인한 사람으로 심판을 받는다는 것입니다.

또 '라가라' 하는 것은 "너 나쁜 놈이다."라는 정죄를 하는 것인데 이렇게 말해도 그 사람은 이미 살인한 자라는 것입니다.

그러니까 우리가 예수님의 계명 앞에 서면 지옥가지 않을 사람이 없는 것입니다. 이는 예수님께서 우리들의 모든 죄를 다 대속해 주시기 위해서 죄의 범위를 넓혀 놓고, 그분이 십자가에 못박혀 피 흘려 죽어 주심으로 말미암아 우리를 모든 죄에서 구원하셨다는 것입니다.

요한일서 1장 7~10절 말씀입니다.

"그가 빛 가운데 계신 것같이 우리도 빛 가운데 행하면 우리가 서로 사귐이 있고 그 아들 예수의 피가 우리를 모든 죄에서 깨끗하게 하실 것이요 만일 우리가 죄가 없다고 말하면 스스로 속이고 또 진리가 우리 속에 있지 아니할 것이요 만일 우리가 우리 죄를 자백하면 그는 미쁘시고 의로우사 우리 죄를 사하시며 우리를 모든 불의에서 깨끗하게 하실 것이요 만일 우리가 범죄하지 아니하였다 하면 하나님을 거짓말하는 이로 만드는 것이니 또한 그의 말씀이 우리 속에 있지 아니하니라."

우리가 빛 가운데 있다고 하면서 "나는 죄 없는 사람이야."라고 말한다면 우리가 스스로 속이는 것이요, 진리가 우리 속에 있지 않고 하나님을 거짓말하는 자로 만드는 것입니다.

하나님은 우리를 모든 죄에서 구원했다고 했고 우리는 모두 죄인이라고 하셨는데, 내가 죄가 없다고 하면 그렇게 말한 하나님을 거짓말한 자로 만든다는 것입니다.

그러나 우리가 하나님 앞에 죄인이라는 사실을 인정하고 자복하고 회개하면, 예수의 피 때문에 우리를 모든 죄에서 깨끗케 하십니다. 예수님께서 죄의 범위를 넓혀 놓으셨기 때문에 그 예수께서 흘리신 피가 우리의 모든 죄를 깨끗케 하는 능력이 있다는 것입니다. 우리는 행위로도 죄를 저질렀고 마음으로도 죄를 저질렀으며 영으로도 분명히 원죄인(原罪人)입니다.

"나는 죄인이고 지옥 가야 할 사람입니다. 그런데 예수님께서 피 흘리심으로 우리의 모든 죄를 담당해 주셨기 때문에 예수의 피를 믿겠습니다."

이렇게 믿고 나가면 예수의 피 때문에 영의 원죄, 마음으로 저지른 죄, 행위로 저지른 모든 죄를 다 깨끗이 용서받기 때문에, 우리는 죄 사함 받은 자이며 지옥 가지 않고 하나님의 자녀로서 거듭난 자가 된다는 것입니다. 그것이 하나님의 은혜입니다.

그런데 분명한 것은 우리가 먼저 하나님의 율법을 철저히 지켜야 된다는 것입니다. 율법은 정죄의 기능이기 때문입니다. 율법을 철저히 지킬 때 내가 하나님 앞에 죄인임을 인정하게 되고 따라서 예수님의 은혜를 사모하게 된다는 것입니다.

마태복음 5장 17~20절 말씀입니다.

"내가 율법이나 선지자를 폐하러 온 술로 생각하지 말라 폐하러 온 것이 아니요 완전하게 하려 함이라 진실로 너희에게 이르노니 천지가 없어지기 전에는 율법의 일점 일획도 결코 없어지지 아니하고 다 이루리라 그러므로 누구든지 이 계명 중의 지극히 작은 것 하나라도 버리고 또 그같이 사람을 가르치는 자는 천국에서 지극히 작다 일컬음을 받을 것이요 누구든지 이를 행하며 가르치는 자는 천국에서 크다 일컬음을 받으리라 내가 너희에게 이르노니 너희 의가 서기관과 바리새인보다 더 낫지 못하면 결코 천국

에 들어가지 못하리라."

이 계명을 지키지 않아도 된다고 가르치는 사람은 그 사람이 예수 믿고 구원받았다 할지라도 천국에 가서 지극히 작은 자라 인정받고, 이 계명을 잘 지켜야 한다고 가르치는 사람은 천국에 가서 칭찬받습니다. 그래서 율법을 잘 지켜야 한다고 강조하는 것입니다.

마지막으로, "너희 의가 서기관들과 바리새인들 보다 더 낫지 못하면 결단코 천국에 들어가지 못하리라."는 말씀은, 서기관과 바리새인들은 어떻게 하든지 율법을 지키려고 노력했던 사람들이므로 우리도 그 정도의 율법은 지켜야 된다는 것입니다.

그러나 아무리 율법을 철저히 지켜도 이 율법으로는 사람을 구원하지 못합니다. 계명이 사람을 구원할 수 있으면 예수가 오실 필요가 없습니다. 계명은 사람을 구원하지 못합니다. 구원은 예수가 하는 것입니다. 율법의 기능과 사명은 예수께로 인도하는 것까지입니다.

계명을 철저히 지키는 사람만이 정죄를 받을 수 있고 예수께로 갈 수 있다는 것입니다. 작은 계명 하나라도 지키다 못 지키면 내가 하나님 앞에 죄인이라는 사실을 깨달아야 예수께로 갈 수 있습니다. 그러므로 지극히 작은 계명 하나라도 철저히 지키라는 말입니다.

현장에서 간음하다 걸린 여인은 이미 현장에서 죽을 자인데 지금 살았습니다. 예수께로 왔기 때문입니다. 끌려오든 들려오든 예수께로 나오면 삽니다. 예수께로 안 나오려고 하면 죽습니다. 지옥에 갑니다.

에베소서 2장 1절에, "죽었던 너희를 살리셨도다."라고 했습니다. 우리가 이미 죄와 허물로 죽었던 자들이지만 복음을 듣고 예수 앞으로 나와서 모든 죄를 용서받고 구원받게 된 것입니다.

이 간음한 여인은 율법으로 이미 죽은 자이며 예수를 고소할 재료로 예수 앞에 끌려 나왔지만 결론은 살게 되었습니다. 이 세상에서 죽게 된 사람도 예수 앞에 나오면 살 수 있습니다.

예수는 살리시는 분입니다. 예수께서 말씀하시기를 "이제 나도 너를 정죄하지 않겠다. 다시는 죄를 범치 말라."고 했습니다. 죄는 좋은 것이 아니기 때문입니다.

율법의 기능은 거룩하고 선하고 의로운 사랑의 법입니다. 그런데 율법은 한 가지 못하는 기능이 있으므로 불완전합니다. 율법에는 용서의 기능이 없습니다.

율법에는 거룩해야 하는데 거룩하지 못하면 저주받고 정죄받아야 합니다. 선해야 하는데 선하지 못하면 정죄받고 저주받아야 합니다. 의로워야 하는데 의롭지 못하면 정죄받고 저주받아야 합니다. 사랑해야 하는데 사랑하지 못하면 정죄받고 저주받아야 합니다. 여기에는 예외가 없습니다.

예수님은 율법을 완성하셨습니다.

어느 누구라도 율법이 말하는 것을 어기면 그 사람은 정죄받고 저주받습니다. 율법에는 용서하는 기능이 없기 때문입니다.

그런데 예수님이 이 땅에 오셔서 완성시키신 것이 용서의 부분입니다. 피 흘려 죽어 주심으로 말미암아 율법이 정죄한 것들을 가지고 예수 앞에 나오면 예수님의 피로 용서받기 때문에, 이 땅에 예수님께서 "내가 율법이나 선지자를 폐하러 온 줄로 생각하지 마라. 폐하러 온 것이 아니고 완전케 하러 왔도다."라고 하신 것입니다.

다시 말하면 용서가 없기 때문에 불완전한 율법이, 예수님이 오셔서 당신이 몸 버려 피 흘려 죽어주심으로, 이 율법의 불완전한 부분인 용서의 기능을 완성했기 때문에 예수님은 율법을 완성한 분입니다.

마태복음 5장 17절에 보면, "내가 율법이나 선지자나 폐하러 온 줄 생각지 마라. 폐하러 온 것이 아니고 완전케 하려 함이러라."고 하였습니다. 내가 와서 율법이 필요 없다고 하는 것이 아니라 율법이 감당하지 못하는 용서의 기능을 내가 몸 버려 피 흘려 완성했기 때문에 완전케 하러 왔다고 말씀하셨습니다.

그러므로 오늘 우리들은 율법으로 정죄받고 예수를 의지하면 예수의 은혜로 구원받은 자가 되는 것입니다. 구약에는 율법을 어기면 무조건 정죄받고 저주받습니다. 구약의 이스라엘 백성들은 종의 신분이기 때문입니다.

그리고 예수님이 오시기 전이니까 용서의 기능이 없으므로 저주받고 나서 그들이 하는 일은 짐승을 잡아서 피를 뿌려 주는 것입니다. 그러면 이미 정죄받고 저주받았지만 짐승의 피를 뿌리면, 언젠가 메시아가 와서 피를 흘리면 그때라도 용서받기 위해서 피를 뿌리는 것입니다.

그래도 용서받으니까 불신자인 이방인보다 낫습니다. 그들에게는 그게 은혜입니다. 그런데 신약시대에는 자녀이므로 하나님을 '아버지'라고 부릅니다. 자녀들은 용서하시는 예수의 피가 이미 뿌려졌기 때문에 우리가 거룩하려다 거룩하지 못했을 때, 예수께 가서 회개하면 예수의 피로 용서받는다는 것입니다.

하나님의 자녀들은 백번, 천번, 만번을 잘못했더라도 그때마다 예수의 피를 의지하면 하나님이 용서해 주십니다. 회개하지 않기 때문에 용서받지 못하는 것입니다. 하나님이 우리를 책망하시는 것은 잘못했기 때문이 아니고 회개하지 않기 때문입니다.

우리가 불완전한 것을 너무나 잘 아시기 때문에 우리들에게 언제든지 용서받을 수 있는 예수의 피를 주신 것입니다. 여러분과 상관없는 사람이 잘못하면 징죄할 수 있고 때릴 수 있지만, 여러분의 자녀들이 잘못하고 와서 용서를 빌면 백번이고 더 용서해 줍니다. 이것이 정상적인 부모들의 마음입니다.

그래서 우리들은 예수의 피를 의지해 많이 회개해야 합니다. 회개는 축복입니다. 제가 이렇게 목회를 할 수 있는 것은 회개를 많이 하기 때문입니다.

저도 부족한 인간입니다. 그러나 저는 씻어주시는 예수의 피의 능력을 알기 때문에 여러분보다 회개를 많이 합니다. 제가 숨어서 나쁜 일을 해서 회개를 많이 하는 것이 아니라 제가 더 거룩하지 못하고 더 선하지 못한 점을 회개하려고 노력합니다.

그래서 기도시간에 더 충성하지 못한 것, 더 열심내지 못한 것들을 충분히 회개하고 하나님 앞에 구할 것을 구합니다. 하나님과 나 사이에 막힌 것이 있을지도 모르므로 충분히 회개하고, 하나님 앞에 나가면 하나님께서 다 용서해 주시고 우리의 모든 기도와 간구를 다 들어 주십니다.

그러므로 지혜로운 자들은 빨리 회개해야 합니다. 자녀들을 키워보면 압니다. 잘못하고 나서 아버지가 매를 들면 벌써 사색이 되어서 억지로 눈물을 짜면서 "아버지, 잘못했어요. 다시는 안 그럴게요."라고 비는 아이가 있습니다. 그러면 때리려고 회초리를 들었다가도 자식이 하도 많이 비니까 웃음이 나와서, 웃느라고 때리지 못하는 경우가 종종 있습니다.

그런데 어떤 아이는 부모가 때릴 때 "엎드려!" 하면 빌지 않고 딱 엎드립니다. 부모가 겁주려고 한 것이라 때리고 싶은 마음은 없지만 한 대를 때립니다. 그때라도 엄살을 피우고 빌어야 하는데 엉덩이를 더 내밉니다. 이는 매를 불러오는 것입니다.

어떤 부모가 자식을 때리고 싶어합니까? 교육상 잘못했으니 겁을 한번 주려고 한 것인데 엉덩이를 갖다대고 딱 버티고 있으니까 더 맞는 것입니다. 그래도 자식이 잘못했다고 안하니까 나중에는 부모가 성질나서 더 때립니다. 매가 매를 부릅니다.

하나님 앞에도 마찬가지입니다. 하나님은 우리 아버지이기 때문에 우리가 잘못했을 때, 빨리 회개하고 빌기를 바라시는데 우리가 그것을 안 하는 것입니다.

빨리 깨닫고 빌어야 되는데 안 비니까 매 맞는 것입니다. 하나님 아버지가 때리는 것이 아니라 아버지가 참다참다 안 되면 손을 살짝 놓습니다.

그러면 마귀의 종들인 귀신 같은 것들이 와서 육체를 괴롭힙니다. 그러나 그때라도 빨리 깨닫고 "아버지, 잘못했습니다."라고 빌고 아버지께로 돌아와서, 우리에게 주신 예수의 이름으로 "더러운 귀신아, 떠나라!" 하고 쫓아내고 회개하면 깨끗하게 우리를 치료해 주시고 회복시켜 주십니다.

이것이 우리를 향하신 하나님의 은혜인데 성도들이 이것을 모릅니다. 잘못을 저지르고도 뻔뻔스럽습니다. 자신이 계명을 어기고도 설마 무슨 일이 생기겠느냐는 것은 불신앙입니다.

당연히 육체에 저주의 진노가 내려오는 것입니다. 계명을 철저히 지켜야 합니다. 주일성수, 우상에게 절 안하기, 하나님 외에 다른 것을 섬기지 않는 것, 여호와의 이름을 망령되이 일컫지 않는 것, 부모를 공경하는 것, 살인하지 않는 것, 간음·탐심, 남 욕하지 않는 것 등의 계명을 어기면 안 됩니다.

어기면 반드시 육체에 보응이 가게 되어 있습니다. 구약 같으면 철저하게 저주가 내려졌지만 오늘의 우리는 예수가 피 흘려주셨기 때문에 빨리 회개하고 예수의 피를 의지하면 깨끗이 용서해 주십니다. 그것이 오늘날 우리에게 주신 은혜입니다.

그러나 예수님께서는 다시 죄를 범치 말라고 하십니다. 계속 죄를 짓고 회개하라고 말씀하시지 않고 여인에게도 다시 죄를 범치 말라고 하십니다.

부모와 자식 간에도 부모는 자식을 사랑하고 자식은 부모에게 효도하려는 관계가 이루어져야지, 맨날 부모 속만 썩이고 잘못했다고 빌고 겁주는 관계가 되면 되겠느냐는 것입니다. 그런 관계가 되어서 어떻게 부모의 복을 받겠습니까!

마찬가지로, 하나님께서 우리에게 주신 계명은 영적으로는 정죄의 기능으로 예수께 인도하는 기능이 있고, 육적으로는 육체에 복을 주는 기능이 있습니다. 그러므로 이 법이 얼마나 좋은 법인가를 알고 즐거움으로 여호와의 율법을 즐거워하여 율법을 주야로 묵상하면서 철저히 지키는 자가 육체에 복을 받을 수 있고 하나님과 아름다운 관계를 맺을 수 있습니다.

하나님의 말씀은 일점일획이라도 떨어지지 않는다고 하였습니다. 이 계명을 오래된 것이라고 해서 쉽게 어기는데 어겨서 육체에 좋을 것이 없습니다.

계명을 지키면 이 땅에서 복을 받습니다.

이 땅에서 여러분의 육체가 하나님의 복을 받고 싶으면 반드시 계명을 지키십시오. 영혼의 구원과 육체의 복은 다릅니다. 계명을 밤낮 어기고 나중에 죽을 때 "아멘." 하고 예수를 믿으면 구원은 받을 수가 있습니다. 그러나 육체는 복을 받지 못합니다. 이는 별개의 문제입니다.

그러나 우리가 살아 있는 동안 '아, 그렇구나. 율법의 영적인 기능은 죄인임을 깨닫고 예수께로 인도하는 기능을 가지고 있구나. 내가 하나님 앞에 죄인이지.' 하고 나오면 영혼이 구원받고, 또 살아 있는 동안 '율법의 기능은 우리 육체를 복 주시기 위한 것이구나. 그렇다면 내가 저 율법을, 계명을 철저히 지켜야겠구나.' 하고 순종하고 살아 있는 동안 계명을 철저히 지키면 반드시 복을 받게 되어 있습니다.

이스라엘 백성들이 예수를 믿지 않기 때문에 영적으로는 구원을 못 받지만, 그들은 계명을 철저히 지키는 민족이므로 육체는 복을 받습니다.

이스라엘 본토의 인구는 약 700만 명밖에 안 됩니다. 이스라엘에 가면 보통 랍비로 일컬어지는 '닷디'라는 사람들이 있습니다. 닷디는 까만 모자를 쓰고 까만 망토를 입고 구레나룻을 기른 사람들입니다. 이들은 자기들끼리 모여 살면서 다른 일은 하지 않고 매일 토라를 읽고 율법을 지키고 삽니다.

원래 이스라엘 사람들은 남녀를 불문하고 고등학교를 졸업하면 남학생은 2년, 여학생은 1년 동안 군대에 가는데, 이들은 정부에서 가지 말라고 합니다. 또 정부에서 세금도 내지 말라고 합니다. 정부에서 이들은 어찌하든지 하나님의 율법을 지키고 토라를 읽고 살라고 하는데 이들이 전체의 10분의 1입니다.

이스라엘 사람의 10분의 1이 닷디입니다. 다시 말하면, 이스라엘의 십일조로 바로 하나님께 바쳐진 사람들입니다. 이 사람들은 철저히 그것만 합니다. 이렇게 철저하게 10분의 1을 통해서 하나님 앞에 드려진 민족이 지금의 이스라엘 민족이므로, 하나님께서 그 육체를 보호해 주시는 것입니다.

누가 이스라엘을 건드리고 괴롭힙니까. 이스라엘 민족을 괴롭히고 방해하는 민족은 망하게 되어 있습니다. 소련은 망하고 이스라엘과 친하게 지낸 미국이 복을 받았습니다. 이스라엘의 스폰서는 미국입니다. 우리의 상상을 초월합니다. 일본의 1년 예산이 미국의 뉴욕 시 예산과 같습니다.

미국이 얼마나 큰 나라입니까! 미국은 이스라엘의 스폰서입니다. 인류 역사가 증명해 줍니다. 이스라엘에는 공장도 없습니다. 국토도 강원도만 하고 1년에 비가 200mm 미만으로 오는, 황폐한 나라가 끄떡없이 살고 있는 것은 바로 계명을 지키는 민족이기 때문입니다.

하나님이 우리에게 율법을 주신 것은 영적으로 하나님 앞에 죄인임을 깨닫게 하고 은혜의 주님, 예수께로 인도하기 위해서이고, 육적인 기능으로는 율법을 지키는 자의 육체에 복을 주시기 위해서임을 믿으시기 바랍니다.

지금부터 철저하게 순종해 보십시오. 여러분은 믿음의 조상이 될 수 있고, 여러분의 자손이 여러분을 따라서 복을 받을 수 있습니다. 그리고 자녀들을 어릴 때 엄하게 키우시기 바랍니다. 그래야 아이들이 나중에 부모님의 은혜를 압니다. 6살 미만에는 회초리를 들어서라도 바로잡아 주는 것이 아이를 사랑하는 길입니다.

하나님께서 우리에게 율법이라는 철저한 법을 주셨고, 그다음에 은혜를 베풀어 주셨습니다. 이것을 명심하시고 율법과 은혜대로 사시기 바랍니다.

9. 인류 역사의 주인공이신 예수

"또 이르시되 내가 너희와 함께 있을 때에 너희에게 말한 바 곧 모세의 율법과 선지자의 글과 시편에 나를 가리켜 기록된 모든 것이 이루어져야 하리라 한 말이 이것이라 하시고 이에 그들의 마음을 열어 성경을 깨닫게 하시고 또 이르시되 이같이 그리스도가 고난을 받고 제삼일에 죽은 자 가운데서 살아날 것과 또 그의 이름으로 죄 사함을 받게 하는 회개가 예루살렘에서 시작하여 모든 족속에게 전파될 것이 기록되었으니 너희는 이 모든 일의 증인이라"(눅 24:44~48).

인류역사는 지금까지 계속 진행되어 왔고 지금도 진행되고 있습니다. 그런데 우리는 이 지구나 인류역사가 언젠가 때가 되면 끝난다는 사실을 실감하지 못하고 살고 있습니다. 이 우주 만물을 창조하시고 이 우주 가운데 뜻을 이루고 계시는 하나님께서 하나님이 원하시는 때가 되면, 이 인류역사에 종지부를 찍으시겠다는 것입니다.

그런데 그것이 언제가 될 것이냐 하는 시간은 중요하지 않습니다. 어느 때가 중요한 것이 아니라, 지구의 구석구석 땅 끝까지 예수에 대한 복음이 전파되는 그 시점이, 인류역사에 종지부를 찍는 때가 된다고 하나님은 말씀하십니다.

우리가 세상 속에 살아가면서 예수를 믿는데, 어떤 사람들은 예수를 믿는 것을 종교적인 개념, 즉 우리의 현실, 우리의 삶이나 문화와는 전혀 관계가 없는 별개의 신앙으로 오해하는 사람도 있습니다.

히브리 문화와 헬레니즘 문화

인류문화와 역사가 누구를 중심으로 지금까지 이루어져 왔고 또, 무엇 때문에 흘러갔는가를 한눈에 발견할 수 있게 될 것입니다.

인류문화는 두 가지로 나누어집니다. 한 가지는 헤브라이즘 문화, 즉 히브리 문화이고, 다른 한 가지는 헬레니즘 문화, 즉 그리스 문화입니다.

히브리 문화와 헬레니즘 문화를 어떻게 구분하느냐 하면, 히브리 문화는 히브리 민족을 중심으로 된 문화입니다. 히브리인의 조상은 아브라함으로 아브라함부터 시작된 이스라엘의 문화입니다.

이스라엘의 문화는 히브리 문화, 하나님 중심의 문화로 신본주의(神本主義)입니다. 헬레니즘 문화는 일반적인 세계의 문화로 인본주의(人本主義)입니다. 사람 중심의 문화입니다.

히브리 문화는 하나님의 법을 우선하여 섬기지만 헬레니즘 문화는 모든 것이 인간을 중심으로 펼쳐지는 문화입니다. 히브리 문화는 인류의 구원과 사랑이 열매를 맺지만 그리스 문화, 즉 헬레니즘 문화는 극도의 개인주의와 이기주의를 나타냅니다.

세상에는 문화·문명이라고 일컫는 것들이 많습니다. 인도 문명·중국 황하문명·이집트 문명 등 세계적으로 많은 문화가 있지만, 그런 문화를 다 합치면 결국은 헬레니즘 문화와, 아브라함과 이스라엘이 연결된 히브리 문화로 나뉩니다.

히브리 문화 속으로 올라가 보면 노아의 홍수사건이 나옵니다. 홍수사건이 성경에만 있는 것은 아닙니다. 다른 인류역사 속에도 홍수사건이 났다고 많이 말하고 있습니다. 물론 그들은 신화라고 말하고 있지만 중국·바벨론·아스트로·유럽·아프리카·이집트 등 문화마다 홍수사건이 있었습니다.

그런데 그들은 그냥 홍수가 났었다고만 말하지 홍수가 왜 일어났고, 어떻게 일어났고, 어떻게 끝났는지에 대해서는 자세한 설명이 없습니다. 막연히 그냥 홍수가 있었다고만 말하고 있습니다.

홍수도 노아의 가족만 접한 것이 아니라 노아의 가족 외의 다른 사람들도 접했습니다. 그때 노아에게 셈과 함과 야벳, 아들 셋이 있었습니다.

야벳은 유럽 족속, 함은 아프리카 족속, 셈은 아시아 족속입니다. 노아의 세 아들이 지구상에 퍼지면서 각각 다른 족속으로 나눠진 것입니다.

아브라함은 셈족의 계보를 통해서 태어났습니다. 그런가 하면 야벳은 유럽, 백인종 계통으로 나갔고, 함은 저주받은 민족이라 아프리카, 흑인종 계통으로 나갔습니다.

셈 · 함 · 야벳, 다 홍수를 경험했기 때문에, 이들의 후손들도 조상으로부터 구전을 통해서 홍수사건을 들었을 것입니다. 그래서 전 인류가 홍수가 일어났다는 것을 다 알고 있는 것입니다.

그런데 '홍수를 누가 일으켰는가, 왜 일어났는가, 언제 일어났는가, 홍수가 났을 때 어떤 사건이 있었는가, 또 비가 며칠 동안 왔는가, 또 비가 지구를 얼마 동안 덮었는가, 또 그때 무슨 상황이 벌어졌는가?' 이렇게 그 홍수가 일어난 것에 대해서 정확하게 그 사건을 설명한 것은 아브라함으로 비롯된 성경밖에 없습니다.

다른 인류문화 속에서도 홍수에 대한 이야기가 있고, 홍수에 대한 역사가 있지만 왜 일어났는지 이런 것에 대해서는 구체적으로 언급이 없습니다. 사건만 알고 있습니다.

그러나 아브라함, 히브리 민족을 이끌고 있는 성경에는 그런 사건들이 자세히 다 기록되어 있습니다. 아브라함은 히브리 민족의 조상입니다.

아브라함은 이삭을 낳고, 이삭은 야곱을 낳습니다. 야곱의 이름이 이스라엘입니다. 야곱은 열두 아들, 열두 지파를 만들어냅니다. 이렇게 이스라엘 민족과 함께 연결된 문화를 히브리 문화라고 합니다.

그런데 우리가 그동안 하나님을 몰랐기 때문에 헬레니즘 문화만 알고 있었던 것입니다. 그래서 이집트는 알지만 애굽이라고 하면 모릅니다.

그다음에 페니키아 문명은 알지만 앗수르는 모릅니다. 바벨론은 바벨론으로 똑같지만 페르시아는 성경에 바사라고 나와 있습니다. 또 그리스 문화는 성경에 헬라로 나오고, 그다음에 로마는 똑같이 되어 있습니다.

지금 보면 이 이집트부터 이어지는 문화가 BC 1500년경부터 성경과 연결됩니다.

이집트라는 나라가 그 당시에 세계를 지배할 정도로 강대한 나라였는데, 이집트가 있는 것은 하나님께서 히브리 민족, 즉 이스라엘 민족을 애굽으로 인도하면서부터 이집트라는 것이 우리에게 알려지기 시작한 것입니다.

애굽 자체를 위해서 문화가 있는 것이 아니라 애굽, 즉 이집트 속에 이스라엘이 품어져 있어서 애굽이 드러나는 것입니다. 알맹이는 이스라엘입니다.

성경에 보면, 하나님께서 애굽에서 홍해 바다를 건너게 하시고, 광야에 들어가게 하시고, 그다음에 요단강을 건너 가나안 땅에 들어가게 하십니다. 이것이 창세기부터 출애굽기 · 레위기 · 민수기 · 신명기 · 여호수아까지 연결되는 내용입니다.

하나님께서는 요셉을 애굽으로 보내고 이스라엘 백성들도 보냅니다. 요셉이 애굽에서 총리대신이었기 때문에 처음에는 잘살았습니다.

그런데 총리대신이었던 요셉도 죽고 왕이 바뀌면서 이스라엘 민족은 핍박을 받게 되고 결국은 종살이를 합니다. 또, 이집트 바로 왕이 사내아이를 낳게 되면 사내아이를 모두 죽이라고 하면서 민족이 멸절되는 위기에 처합니다.

이스라엘 민족으로 하여금 너희들 마음대로 죄 가운데 살 때에는 처음은 좋은 것 같지만, 죄 가운데 살면 결국은 이렇게 된다는 것을 경험시키기 위해서 하나님께서 이스라엘 민족을 애굽으로 보냈던 것입니다.

그러다가 모세를 통해서 이스라엘 백성들이 홍해바다를 건너서 나온 후에 애굽은 망하게 됩니다. 이스라엘을 위해서 하나님은 그 당시에 강대했던 이집트라는 나라를 사용하신 것뿐입니다.

이스라엘이 번성하다가 다윗시대에 근동지방을 다 평정하고 다시 범죄함으로 북이스라엘이 앗수르라는 제국에 의해서 또 포로로 잡혀가고 압박을 당합니다.

하나님께서 이스라엘 민족이 회개하면 또 그들을 건져내시는데, 앗수르가 바벨론에 의해서 망하면서 이스라엘은 또 빠져나옵니다.

그다음에 바벨론이 또 이스라엘, 유다 민족을 압박하면서 다니엘 같은 이를 포로로 잡아가고, 이스라엘을 억압하고 있다가 거기서 이스라엘 민족이 회개하고 빠져나오면서 바벨론은 바사(페르시아)에게 망하고 맙니다.

또 페르시아에 있다가 페르시아의 고레스 왕에 의해서 그들이 예루살렘으로 돌아오면서 페르시아는 헬라에게 망하고 헬라는 로마에게 망합니다.

이렇게 그 당시에 강대한 문화, 강대한 힘을 갖고 이스라엘을 괴롭히거나 이스라엘을 품고 있던 강대한 나라들은 다 역사 속으로 사라지고 맙니다. 그런데 신기하게 품어져 있던 이스라엘은 망하지 않고 계속 살아남습니다.

우리는 그동안 이집트·페니키아·바벨론, 이런 문화는 알고 있었지만 하나님을 몰랐기 때문에 그 속에 감추어진 히브리 문화를 발견하지 못했던 것뿐입니다. 히브리 문화가 없었던 것이 아닙니다.

시간의 중심이 예수 그리스도입니다.

그러다가 로마가 이스라엘을 정복해서 지배하고 있을 때, 이 땅에 드디어 예수 그리스도가 오십니다. 인류역사 속에 하나님께서 원하시던 예수 그리스도가 이 땅에 오시고 예수 그리스도를 중심으로 인류역사가 진행되기 시작합니다.

예수 그리스도의 복음이 전 세계로 땅 끝까지 전파되는 과정이 예수님 오신 후 2천여 년 동안 진행되고 있는 것입니다.

예수가 역사의 중심입니다. BC는 'Before Christ(예수 탄생 이전)'이라는 뜻이고, AD는 'Anno Domini'라고 해서 이것은 라틴어로 '예수의 기원으로부터'라는 뜻입니다.

세월의 중심이 예수 그리스도의 탄생입니다. 지금은 2014년입니다. 이것은 AD 예수의 탄생으로부터 시작되는 것입니다. 이집트나 페니키아 · 바벨론 · 페르시아 · 그리스 · 로마 같은 예수 탄생 이전의 이런 일들도, 예수 그리스도를 중심으로 이루어진 과거 역사이며, 예수 그리스도가 이 땅에 오신 이후부터 인류역사는 지금까지 예수 그리스도를 중심으로 확연하게 진행되어 왔고, 또 진행될 것입니다.

그럼 어떻게 해서 예수 그리스도 중심의 역사가 진행되었을까요?

예수 그리스도에 대한 구원의 복음이, 예수 그리스도의 이름이 땅 끝까지 전파되는 것이, 예수 그리스도 이 땅에 오신 이후가 하나님께서 원하시는 역사의 중심이었기 때문에, 인류역사는 예수 그리스도의 복음이 전 세계로 전파되는 과정으로 진행되어 온 것입니다.

그래서 본문 47절에 "그의 이름으로 죄 사함을 얻게 하는 회개가 예루살렘으로부터 시작하여 모든 족속에게 전파될 것이 기록되었으니 너희는 이 모든 일의 증인이라."고 했습니다.

예수 이름으로 구원받는 회개가 예루살렘으로부터 시작하여 모든 족속에게 전파되는 것이 바로 예수님이 이 땅에 오신 이후에 전개되는 인류 역사라는 말입니다.

마가복음 13장에도 보면 '마지막 때에 어떤 일이 어떤 징조가 보이리까' 하고 제자들이 예수님께 묻자, 예수님께서 5절부터 '예수께서 이르시되 너희가 사람의 미혹을 받지 않도록 주의하라. 많은 사람이 내 이름으로 와서 이르되 내가 그로라 하여 많은 사람을 미혹케 하리라.'고 하십니다.

마지막 때에 어떤 징조가 일어나는가 하면 많은 사람들이 자기가 그리스도라며 미혹하는 일이 많이 벌어진다는 것입니다.

사실은 요즈음 적그리스도, 즉 기독교를 비슷하게 흉내 낸 사이비 종교가 굉장히 많습니다. 우리나라만 해도 통일교・여호와의 증인, 그 외에 여러 사이비 종교들이 기독교를 모방해서 일어나고 있습니다. 그리고 지금 북한에서는 성경에서 하나님이 들어가는 말씀을 김일성으로 고치고 신격화하고 있습니다.

7절에 '난리와 난리 소문을 들을 때에 두려워 말라. 이런 일이 있어야 하되 끝은 아직 아니니라.'고 했습니다. 난리가 나도 끝은 아니라는 뜻입니다. "민족이 민족을, 나라가 나라를 대적하여 일어나겠고 처처에 지진이 있으며 기근이 있으리니 이는 재난의 시작이니라 너희는 스스로 조심하라 사람들이 너희를 공회에 넘겨주겠고 너희를 회당에서 매질하겠으며 나를 인하여 너희가 관장들과 임금들 앞에 서리니 이는 저희에게 증거되려 함이라 또 복음이 먼저 만국에 전파되어야 할 것이니라."고 하셨습니다.

이런 징조가 우리에게 나타나지 않은 것은 아직까지 복음이 지구 끝까지 전파되지 않았기 때문입니다. 이 복음이 땅 끝까지 전파되는 것이 하나님께서 예수님이 이 땅에 오시고 나서 인류 역사의 중심이라는 말입니다.

마가복음 16장 15절 이하에 "또 가라사대 너희는 온 천하에 다니며 만민에게 복음을 전파하라."고 했습니다. 온 천하에 다니며 만민에게 복음을 전파하는 것이 예수님이 이 땅에 오신 이후에 하나님께서 인류역사를 주관하는 하나의 척도가 된다는 말입니다.

사도행전 1장 6~8절 말씀을 보십시오.

"그들이 모였을 때에 예수께 여쭈어 이르되 주께서 이스라엘 나라를 회복하심이 이때니이까 하니 이르시되 때와 시기는 아버지께서 자기의 권한에 두셨으니 너희가 알 바 아니요 오직 성령이 너희에게 임하시면 너희가 권능을 받고 예루살렘과 온 유대와 사마리아와 땅 끝까지 이르러 내 증인이 되리라 하시니라."

예수 그리스도에 대한 구원의 복음이 예루살렘으로 시작해서 온 유대와 사마리아와 땅 끝까지 전파되는 것이, 예수님 이후의 하나님이 원하시는 계획이라는 것입니다. 그래서 예수님 오신 이후의 인류 역사는 한마디로 예수에 대한 복음이 땅 끝까지 전파되는 과정입니다.

예수님이 오시기 이전에는 죄인인 인간들을 구원하기 위해서 예수를 이 땅에 보내시는 것이 하나님의 뜻이었습니다. 그래서 하나님은 아브라함이라는 한 사람을 택해서 그 후손을 통해서 히브리 민족을 만들어냅니다. 히브리 민족과 연결된 모든 문화는 다 하나님 중심의 문화입니다.

그런가 하면 아브라함과 상관이 없는 일반적인 이방인의 문화가 바로 인본주의 문화, 헬레니즘 문화, 인간 중심의 문화입니다.

하나님 중심의 신본주의 문화는 하나님의 법을 믿고 하나님 중심으로 살아가는 문화를 말합니다. 이스라엘은 지금도 하나님의 법을 법으로 지키고 하나님 중심으로 살아가고 있습니다. 또, 오늘날 이 땅에 오신 예수를 믿는 사람들은 예수를 중심으로 살아갑니다.

히브리 문화는 인류의 구원과 사랑입니다. 지금 우리나라나 이 세계가 이 정도라도 진행되는 것은 히브리 문화 때문입니다. 기독교 문화가 있기 때문에 우리나라가 이 정도로 버티고 있는 것입니다.

교회가 많이 생김으로써 이 세상에 죄악이 많이 예방됩니다. 백범 김구 선생이 '경찰서 백 개를 세우는 것보다 교회 한 개를 세우는 것이 더 낫다.'고 했습니다. 경찰서는 죄지은 사람을 처리하는 곳으로 죄짓지 않은 사람은 경찰서와 관련이 없습니다. 그런데 교회는 죄짓지 않도록 양심 속에서 예방하는 곳입니다.

여러분들이 예수 믿기 전에는 다 마음대로 살았지만, 예수 믿고 나서는 우리에게 신앙양심이 생겨서 나쁜 짓을 하려고 하다가도 절제하게 되고 자제하게 됩니다.

더 나아가서는 예수님 말씀에 순종해서 남에게 사랑도 나타내고 돕기도 하고 이런 일들을 하는 것입니다. 그래서 우리 기독교 문화나 기독교 신앙은 오른손이 하는 일을 왼손이 모르게 하는 것이기 때문에 이것을 자랑하거나 내세우지 않습니다.

우리나라에 많은 보육시설·양로시설 같은 복지시설이 있는데 그 중에 80%가 기독교 시설입니다. 한 해 동안에 헌혈하는 사람들의 90%가 기독교인입니다. 장기기증을 하는 것도 거의 다 기독교인입니다.

십여 년 전에 돌아가신 박산봉 목사님도 그 시신을 전북대학병원에 기증했습니다. 그런 일들은 드러나지 않을 뿐이지 거의 다 기독교인들이 하는 일이라는 것입니다. 자기 시체를 해부실습용으로 쓰는 것이 쉬운 일은 아닙니다.

시신을 기증하니까 빈소를 차리지 않고 병원 냉동실에 보관하다가 전주 예수병원에서 발인예배가 끝나면 바로 전북대학병원으로 옮겨져서 의대생들의 해부실습용으로 사용하게 되었습니다. 그런데 시신 하나를 가지고 굉장히 오랫동안 사용합니다. 기증하는 시신이 부족하다 보니 무려 2년을 실습을 합니다.

이 일을 할 수 있는 것은 육체와 영혼을 구분하고, 이 육체에서 영혼이 빠져나가면 육체는 아무것도 아니라는 사실을 확실히 믿는 사람들만 할 수 있는 일입니다.

이런 시신기증 문화가 안 되어 있기 때문에 우리나라 의료기술이 발달을 못하는 것입니다. 사람 시체로 실습하는 것이 제일 확실한 것인데 그게 안 되니까 의대생들이 계를 모아서 중국에 가서 시신을 구입하여 한 달 동안 실습을 하고 돌아온다고 합니다.

시신기증을 할 수 있는 사람들은 거의 기독교인들입니다. 이렇게 기독교 문화, 히브리 문화의 결국은 인류 구원과 사랑입니다.

그러나 인본주의의 헬레니즘 문화는 인간 중심이기 때문에 극도의 개인주의, 이기주의로 세상은 다 자기 중심입니다. 그래서 이 세상에 히브리 문화, 하나님 중심의 문화가 퍼져야 이 세상이 어느 정도 정화될 수 있습니다.

여러분들 개인의 삶이나 가정도 마찬가지일 것입니다. 여러분의 가정에 하나님에 대한 신앙이 있지 않을 때에는 가정이 항상 긴장과 불안과 초조의 연속이지만, 하나님에 대한 신앙이 여러분 가정에 들어오니까 이상하게 마음에 평안이 찾아오고 또 소망이 생기고 넓은 아량도 생기게 됩니다. 남을 이해하고 싶고 남을 용서하고 싶은 마음도 생기고 남을 사랑하고 싶은 마음도 생기게 됩니다.

바로 그것이 개인이나 가정이나 또 그 나라가 어떤 문화를 가지고 있느냐에 따라서 그 결과가 나타나는 것입니다. 여러분들의 삶 속에 하나님 중심의 히브리 문화가 들어가는 것은 굉장히 바람직한 일이며 너무나 아름다운 일입니다.

예수가 이 땅에 오시기 이전에 하나님께서는 이스라엘을 보호하십니다. 예수를 이 땅에 보내시기 위해서 하나님이 택한 민족이 히브리 민족입니다. 그렇기 때문에 하나님 보시기에 많은 인류가 있지만 하나님의 관심을 끄는 민족은 히브리 민족밖에 없습니다. 나머지는 다 하나님과 관계가 없는 민족입니다.

여러분들이 육신적인 관계로 볼 때 여러 가지 관계가 만들어집니다. 가령 부모와 자식과의 관계, 남편과 아내와의 관계, 형제와 형제의 관계, 친구와의 관계, 또는 서울 사람, 시골 사람, 또 한국 사람, 미국 사람 등으로 나누어집니다.

하나님께 속한 사람, 마귀에게 속한 사람

그러나 하나님께서 인류를 보실 때는 오직 두 가지 종류의 인간으로 구분합니다.

하나님께서는 영이시기 때문에 하나님은 영적으로만 구별하셔서 예수를 믿고 하나님을 믿는 사람들은 하나님께 속한 사람, 예수를 믿지 않는 사람들은 마귀에게 속한 사람으로 구분하십니다. 예수를 믿는지, 안 믿는지 하나님께서는 영적인 관계를 중요시하십니다.

구약에도 보면 아브라함에게 속한 이스라엘 민족과 나머지 민족으로 나눠지는 것입니다. 그런데 이 육체적인 관계는 이 땅에 사는 동안만 관계를 맺습니다. 부모와 자식도, 부부지간도, 형제지간도 육신적으로 맺은 관계이기 때문에 육신이 깨지면 끝입니다.

부모와 자식의 관계가 떼려야 뗄 수 없는 관계지만, 부모가 돌아가시면 처음 몇 년간은 슬프고 생각나고 그렇지만 세월이 더 지나가면 기억 속에서 점점 사라지고 맙니다. 이것이 육신적인 관계입니다.

그러나 하나님의 관계는 헤어지는 관계가 아닌 영원한 관계입니다. 그래서 육신적인 관계가 하나님과의 관계로 바뀌지 않으면 그 관계는 이 땅에서는 긴장상태이고 결국은 깨지고 나면 끝나는 것입니다.

부부를 무촌(無寸)이라고 하는데 이 무촌이라는 말은 무서운 말입니다. 좋을 때에는 촌수를 구별할 수 없을 정도로 하나라는 관계가 이 부부라는 관계입니다. '둘이 벌거벗었으나 부끄러워 아니하더라.' 이게 무촌입니다. 그런데 이 하나 같은 관계가 갈라지면 정말 무서운 관계가 됩니다.

특히 남편들에게 아내에게 잘하라고 하는 것은 갈라지면 여자가 더 무섭기 때문에 그렇습니다. 제가 목회하면서 상담도 하고 많은 사례를 접합니다.

저번에도 박모 목사님이 늦게 복음을 깨닫고 목사가 되셔서 목회를 하시는데 그 부인은 믿음이 없어서 따라오지 않으려고 했습니다.

그런데 상가 2층에다 교회를 개척하고 절반을 막아서 한쪽은 교회, 한쪽은 사택으로 사용했습니다. 목사님은 교회에서 기도하시는데 그 부인은 방에서 가요무대를 크게 틀어놓는 이런 상황이 벌어지니까 결국 두 분은 이혼을 했습니다.

목회는 혼자 하기 힘들기 때문에 사모님이 있어야만 할 수 있는데 혼자 하시려니 얼마나 힘들었겠습니까? 그러다가 몸이 약해져서 풍기가 오고, 식사도 제때 못하시다 보니 직장암에 걸려 병원에서 수술하고는 바로 소천을 했습니다.

소천하기 전에 그분이 자기 아내를 한번 보고 싶다고 해서 연락을 했습니다. 그런데 단번에 싫다고 거절을 했습니다. 이유도 없습니다.

그리고 박 목사님이 소천을 하신 후 또 연락을 했습니다. 돌아가셨는데 한번은 와봐야 할 것 아니냐 했더니 안 된다고 했습니다. 남자 같으면 헤어졌어도 자기 아내가 죽으면서 마지막으로 보고 싶다면, 재혼하지 않고 혼자 사니까 웬만하면 올 텐데 여자는 오지 않았습니다.

어떤 아내가 어떻게 하든지 살아보려고 노력을 하는데도, 그 남편은 매일 술만 마시며 오토바이를 타고 돌아다니면서 도박하다가 어느 날 오토바이 사고로 강남병원에 입원을 했습니다.

그래서 제가 병원심방을 갔더니 다리가 부러져서 병원에 누워 있었습니다. 그래서 '예수 믿어라. 도대체 왜 이러고 사느냐?' 하고 왔는데 얼마 있다가 다시 심방을 와달라고 해서 갔습니다.

가보니 무섭게 성질을 내며 자기가 퇴원하면 아내를 죽이겠다는 것이었습니다. 딸 하나 아들 하나가 있는데, 아이들마저 버리고 바람이 나서 다른 남자와 바로 옆 동네에 살고 있다는 것입니다.

자초지종을 들어보니 남자가 가정을 돌보지 않으니까 여자가 호프집을 차렸는데, 장사를 하다가 바람이 나서 이혼을 했답니다. 그 남자도 이 여자가 워낙 예쁘게 생겨서 자기 아내하고 이혼을 했는데, 한 동네사람이고 아이들도 같은 6학년 친구랍니다.

이 여자가 그 남자하고 살림을 차린 후부터는 같은 학교에 다니는 자기 아이들은 쳐다보지도 않고, 새로 만난 남자의 아이들의 도시락을 싸주고 지극 정성으로 돌보는 것입니다.

그러니까 도박했던 남자가 그런 사실을 알고 성질을 내는 것이었습니다. 그래서 내가 '순박해 보이던 당신 아내가 오죽했으면 그렇게 했겠느냐. 이제부터라도 정신 차리고 회개 많이 해야 한다.'고 했습니다.

여자가 돌아서면 그렇게 무서울 수도 있습니다. 남자들은 아무리 악해도 그렇게 못합니다. 그래서 남자들한테 아내한테 잘하라는 것입니다. 아내가 지금 당신만 사랑할 때 잘해야지 만약에 아내가 정신 차리면 무섭습니다.

제가 목회를 하면서 많은 상담을 하기 때문에 무서운 여자를 많이 보았습니다. 무서운 여자 얘기하려면 밤새도록 해도 다 못할 정도입니다.

지난주에 남 권찰님이 어떤 분을 모시고 왔는데, 남의 말을 안 듣는 사람이었지만, 기드온 성경대학 테이프 하나를 들어보시더니 괜찮다며 지금은 다니면서 기드온 성경대학 테이프만 듣고 있답니다.

그전에 믿는 아내와 가끔 광림교회에 따라가 보고 했지만 무슨 말인지 알아듣지를 못했답니다.

그래서 '나하고는 상관이 없나 보다.' 하고 교회를 전혀 안 다니다, 기드온 성경대학 테이프를 들으면서 "아! 하나님이 이런 분이구나!" 하고, 왜 예수님을 믿어야 하는지를 알기 시작했습니다. 본인 말로는 본인의 인생관이 바뀌고 있다고 합니다.

결국 지난주에 우리 교회에 등록하러 오셨는데 제가 '우리 교회말고 아내가 다니는 교회에 나가십시오. 부부가 떨어져서 교회에 다니는 것이 아닙니다.'라고 말씀드렸더니, 그분께서 '다른 교회에 가면 무슨 말인지 알아듣지를 못합니다.'고 하셨습니다.

그래서 '지금은 가면 알아들을 것입니다. 그때는 워낙 몰랐기 때문에 못 알아듣는 것이고 지금은 어느 교회에 가든지 아마 그 설교가 들어올 것입니다. 그러니까 걱정하지 마시고 아내가 다니는 교회에 나가십시오.' 하면서 등록을 만류했습니다.

기드온 성경대학 테이프만 듣고도 그 사람의 인생관이 바뀌었답니다. 이런 이야기를 들으면 제 마음이 정말 뿌듯하고 보람을 느낍니다.

예수님이 이 땅에 오신 후의 역사

예수님이 이 땅에 오신 후의 역사를 잠깐 설명 드리겠습니다. 예수님이 이 땅에 오시면서 인류를 구원할 수 있는 기틀을 마련

하셨습니다.

그런데 그 당시에 예수를 믿는 사람들이 예수에 대한 복음을 전하지 않았습니다. 유대인들은 유일신이신 여호와 하나님을 자기들만의 하나님, 자기 민족만의 하나님이라는 의식이 강했습니다.

그리고 부활하신 예수님도 금방 재림하여 오실 줄 생각하며 예루살렘을 떠나지 않고 모여 있었습니다. 그럴 때 스데반이 돌에 맞아 죽고 야고보는 칼에 베어 죽는 사건들이 생기니까, 살기 위해서 예루살렘을 떠나 북쪽 사마리아 지방으로 도망갔습니다. 터키 · 지중해 연변으로 도망을 다니면서 교회를 세우고 복음을 전하는 일이 발생했습니다.

AD 70년에 로마의 티투스 장군(Titus)에 의해서 예루살렘이 완전히 함락되면서 약 200~300만 명이 학살당하자, 유대인들이 살기 위해서 전 세계로 본격적으로 도망가기 시작합니다. 이것을 '디아스포라(diaspora)', 즉 유랑민이라고 합니다.

물론 디아스포라의 시작은 BC 500년경에 바벨론에 포로로 끌려간 사람들이 탈출해서 세계로 흩어지기 시작한 것이지만, 이때 본격적으로 이스라엘 민족들이 전 세계로 흩어지게 된 것입니다.

그런데 이것은 하나님의 뜻입니다. 어쨌든 땅 끝까지 복음이 전파되는 것이 하나님의 뜻이기 때문에, 하나님을 아는 유대인들을 바벨론 시대부터 AD 70년 이후의 본격적인 디아스포라까지 하나님과 예수에 대한 복음이 인류 역사 속에 진행되는 사건이 쭉 벌어집니다.

이 우주에는 수많은 별들이 있습니다. 그 수많은 별들 중에 중심된 별이 지구입니다.

하나님의 주인공이신 예수가 다른 별에 오지 않고 지구에 오셨기 때문에 지구가 중심입니다. 예를 들어 '화장실에서 생긴 이야기'라는 영화가 있다고 합시다. 그러면 그 영화는 화장실에서 무슨 일이 일어났는지 모르겠지만 화장실이 주무대가 됩니다.

마찬가지로 지구상에 하나님의 주인공이신 예수가 오셨기 때문에, 지구가 이 우주의 수많은 별들 중의 중심이고 이 지구 중에서도 가나안 땅 이스라엘이 중심이 되는 것입니다.

이스라엘의 역사는 지구의 역사나 마찬가지입니다. 그래서 이스라엘에 대한 기사가 신문에 나오지 않는 날이 하루도 없습니다. 오늘부터 관심을 가지고 신문의 면을 보시면 이스라엘에 대한 기사가 어떤 내용이든지 반드시 나옵니다.

예수가 이스라엘 베들레헴 땅에 태어나셨고, 이스라엘을 중심으로 활동하시고 하나님의 뜻을 이루셨기 때문에 이스라엘이 지구의 중심지입니다. 이스라엘을 좋아하는 나라들은 하나님의 관심을 끌어 하나님이 도와주시지만, 이스라엘을 반대하는 나라들은 하나님께로부터 저주를 받아 반드시 망할 수밖에 없습니다.

인류 역사가 이스라엘을 중심으로 이루어지기 때문에 그렇습니다. 그래서 우리나라에 정치하는 사람들이 이런 영적인 배경을 알고 정책을 이스라엘과 이스라엘을 중심으로 이루어지는 나라와 좋은 관계를 맺어야 합니다.

소련은 이스라엘을 적대시하는 나라의 우두머리였고, 미국은 이스라엘을 도와주는 나라의 우두머리였습니다. 그런데 그렇게 강대했던 소련은 소리도 없이 1991년에 망해버렸고 미국은 지금 전 세계를 지배하게 되었습니다.

이것은 하나님께서 이스라엘 민족을 주인공 백성으로 삼았기 때문에 어쩔 수 없습니다. 지난 시간에 말씀드렸지만 애굽에서 이스라엘이 종살이를 했어도 애굽은 망하고 이스라엘은 살아남았고, 또 앗수르 · 바벨론 · 바사(페르시아) · 헬라 · 로마에서도 종살이를 했지만, 그 나라들은 다 망하고 신기하게도 그 강대한 나라 속에 종살이하던 이스라엘은 계속 살아남았습니다.

그런데 이스라엘이 있을 때에는 그 나라가 제일 강대한 나라였지만, 이스라엘이 빠져나가니까 그 나라들은 망하고 말았습니다. 다시 말하면 이스라엘이 알맹이라는 것입니다.

사업을 하든지 정치를 하든지 어떤 활동을 하든지 이렇게 영적으로 보는 눈을 가지고 살아야만 여러분들의 삶에 많은 도움이 됩니다. 정치도 마찬가지입니다. 이 세상에서 이스라엘을 보호하는 나라가 바로 미국입니다.

그러므로 우리나라가 미국과 우호관계를 유지하는 것이 우리나라가 살 수 있는 길입니다.

지금 미국에 네오콘(Neocon)이라는 정책을 입안하는 신보수주의 세력이 있는데 이들은 다 유태인들입니다. 겉으로 드러내지는 않지만 이스라엘을 대적하는 자들을 다 없애겠다는 것입니다.

지난 이라크 전쟁도 바로 거기서 나온 것입니다. 이라크의 후세인은 자기가 제2의 느부갓네살 왕이라고 합니다. 이라크의 옛 지명이 바벨론이고 남쪽 유다를 바벨론의 포로로 끌어갔던 왕이 느부갓네살 왕이므로 자기가 이스라엘을 점령하는 데 앞장서겠다는 것입니다.

그러니까 미국에서 후세인 제거작업에 들어간 것입니다. 그냥 일어나는 일이 아니라 이런 영적인 배경이 있는 것입니다. 이스라엘을 대적하는 세력·나라·민족은 반드시 없애겠다는 것입니다.

그들의 정책은 종교적인 신념이기 때문에 정치적 논리나 윤리적 논리가 소용이 없으며 이스라엘을 대적하는 세력을 다 없애겠다는 것입니다.

지금 네오콘(신보수주의)이 그것을 위해 미국의 정책을 모두 입안하고 팍스 아메리카(PAX America)를 주장하며, 하나의 미국으로 세계를 지배하겠다는 것입니다.

그럴 수밖에 없는 것이 세계 경제의 3분의 2를 미국이 쥐고 있고, 군사력도 마찬가지입니다. 전 세계 GDP, 총생산량의 70%를 미국이 쥐고 있습니다. 그만큼 강대한 힘과 경제력을 가지고 있는 나라가 미국입니다. 군사력도 마찬가지로 국방비가 전 세계 총예산액의 70~80%를 차지하고 있습니다.

지금 하나님께서 미국을 사용하고 계십니다.

예수가 이 땅에 오시고 예수에 대한 복음이 땅 끝까지 전파되는 것이 하나님의 계획입니다. 그게 목적이니까 예수의 복음을 전파하는 나라나 민족, 개인은 하나님이 복을 주십니다.

사도 바울은 로마 시민권자로 로마를 중심으로 복음을 전하고 로마황제 앞에서도 그가 복음을 전합니다. 그리고 로마에서 순교를 당합니다. 사도들이 살기 위해 도망가면서 복음을 전하며 고린도교회 · 에베소교회 · 빌립보교회 · 갈라디아교회 · 데살로니가교회 등을, 소아시아 · 사마리아 · 지중해 주변 등에 세웁니다.

그것은 이유가 있습니다. 그 당시에 지중해 주변을 로마가 지배했기 때문에 '모든 길은 로마로 통한다.'라는 말은, 하나의 관념적인 이야기가 아니라 실제적으로 도로망을 그렇게 만들어 놓았습니다.

그렇기 때문에 예수 그리스도의 복음이 전 세계에 전파되기 위해서, 하나님이 로마를 사용하시고 사도 바울을 로마에서 활동하게 하시고 로마에서 순교당하게 만드는 것입니다.

그런데 이 복음이 아프리카나 호주나 남아메리카나 전 세계로 퍼지기가 어려웠기 때문에, AD 810세기 사이에 스칸디나비아 반도와 포르투갈 · 스페인 · 영국 등에서 바이킹, 해적이 등장합니다.

바이킹들이 이 지중해 주변을 해적질하면서 거기서 부녀자들을 납치해 갔는데, 이 부녀자들이 다 하나님을 아는 사람들입니다. 납치한 부녀자들을 자기네 아내로 삼으면서 부인들을 통해 자연스럽게 복음이 전파되었고 예수를 알게 된 것입니다.

바이킹 족속들이 아프리카와 아메리카, 호주·아시아 등을 정복하면서 하나님과 예수에 대한 복음이 전파되기 시작하는 것입니다.

강대한 나라가 약소국을 점령할 때 순서가 있습니다. 첫 번째가 종교이고 두 번째가 문화입니다. 그리고 마지막으로 경제적 속국을 이루는 것입니다.

다른 나라를 지배하는 데 무력은 한계가 있습니다. 그래서 제일 먼저 종교를 가지고 들어가서 종교를 퍼뜨리고 종교로써 일치시키는 것입니다. 그다음에 그곳에 자기네 문화를 퍼뜨리고 자기네 민족화를 시킵니다. 마지막으로, 자연스럽게 경제적 속국을 만드는 것이 강대한 나라들이 약소한 나라를 점령하는 데 쓰는 ABC입니다.

이 원리에 의해서 바이킹들이 아프리카와 호주·남아메리카 등을 점령할 때 자연스럽게 기독교가 전파되는 것입니다.

그러다가 1620년에 영국과 유럽에 있는 청교도들이 엘리자베스 여왕 같은 사람들이 기독교를 핍박하기 시작하니까, 종교의 자유를 찾아 신앙생활을 잘하기 위해 메이플라워호를 타고 대서양을 횡단하여 미국의 동부 플리머스 항에 도착합니다. 이들을 퓨리턴(Puritan, 청교도)이라고 합니다.

하나님을 잘 섬기기 위해서 목숨을 걸고 대서양을 건너서 세운 나라가 미국입니다. 그런데 청교도들이 미국으로 도망 와서 미국이라는 나라를 세우면서 그때부터 '해가 지지 않는 나라'이던 영국은 '해가 지는 나라'로 전락하기 시작합니다.

하나님께서 그 당시에 로마를 강대하게 만든 것은 바로 예수에 대한 복음이 땅 끝까지 전파되게 하기 위해서 로마를 강대한 나라로 삼은 것이고, 또 지중해 주변의 나라나 바이킹들을 강성하게 한 것도 바로 이 복음을 전 세계에 전파시키기 위한 것이었습니다.

미국에 청교도들이 오니까 미국이 잘사는 나라로 발전하기 시작합니다. 미국이라는 나라는 정말 하나님을 깨끗하게 제대로 섬기기 위한 정신을 가지고 만들어진 나라입니다. 청교도들의 후예들이 미국에서 강성하면서 복음을 선합니다.

그래서 이 복음이 태평양을 건너 중국에 들어오고 일본에 들어온 것입니다. 일본에는 복음이 BC 16~17세기경에 들어왔고, 중국에도 복음이 우리보다 200년 먼저 들어왔는데 우리나라에만 늦게 들어왔습니다.

삶의 포커스를 하나님께 맞춰야 합니다.

미국이 전 세계를 향해서 선교사를 계속 파송하면서 예수를 전하니까 미국은 축복받는 나라가 되는 것입니다.

하나님께서는 예수님이 이 땅에 오신 후에도 인류역사를 주관하실 때, 복음이 땅 끝까지 전파되는 것이 하나님이 원하시는 계획이었기 때문에 복음을 전파하시기 위해서 하나님이 그 나라들을 사용하시고 강대하게 만드시는 것입니다.

우리나라에 복음이 들어올 때 북한 쪽에 많이 퍼져서, 평양을 중심으로 예수를 믿는 사람들이 엄청나게 많이 늘어났습니다. 그 때에는 한 시(市)가 전부 다 기독교인이 될 정도로 많은 기독교인들이 북한에 있었습니다.

그런데 남북으로 나뉘면서 공산주의 국가인 북한에 있는 기독교인들이 신앙을 찾아서 거의 다 남한으로 내려왔습니다. 그 때에는 북한이 남한보다 훨씬 더 잘살았습니다. 그러나 60여 년이 지난 지금 북한은 망해서 굶어 죽는 나라가 되었습니다.

북한을 다녀오신 목사님 말씀이 자기가 북한에 갔는데, 북한은 평양공화국과 평양을 제외한 인민공화국 두 개의 나라로 나눌 수 있는데, 평양공화국과 인민공화국은 삶이 완전히 다르다고 합니다.

인민공화국 쪽의 사람들은 먹을 것이 없어서 굶어 죽을 정도이고 평양공화국 사람들은 그래도 괜찮다고 합니다. 평양에서 어떤 군인애가 총을 들고 다녀서, 중학생도 군대를 가느냐고 했더니 자기들을 무시한다고 안내원하고 싸움이 벌어졌답니다.

군인들도 나이가 20살이 넘었는데도 우리나라의 중학생 정도밖에 안되는 체구를 가지고 있다는 것입니다. 평양 이외의 지역은 더 심하다고 합니다.

반면에 우리나라는 OECD에 가입할 정도로 잘사는 나라가 되었습니다. 우리나라와 우리 민족을 가만히 보면 기적 같은 민족입니다. 나라가 넓은 것도 아니고 그나마 그것도 반쪽입니다. 지하자원이 많거나 석유나 가스가 나오는 것도 아니고, 정치가나 경제인들이 국가와 민족을 사랑하는 마인드를 가지고 활동을 하는 것도 아닙니다.

우리나라는 정치·경제·문화, 어느 면으로 발전할 가망성이 전혀 없는 나라입니다. 그럼에도 불구하고 오늘같이 잘살게 된 것은 북한에 있는 기독교인들이 대거 남한으로 오게 된 것과, 남한에 예수 믿는 사람들이 우리 남한 인구의 4분의 1로 늘어났기 때문이라는 결론밖에 없습니다.

앞으로 교회는 더 많이 세워져야 됩니다. 어떤 사람들은 유흥시설이 많은 것은 이야기 안하고 무슨 교회가 이렇게 많으냐고 합니다. 이렇게 교회가 많아도 지금 4분의 1도 안 믿습니다. 지금보다 교회가 3배는 더 많이 늘어나야 합니다. 교회는 많으면 많을수록 좋은 것입니다.

세계 여러 나라를 다녀봤지만 우리나라처럼 교회가 많은 나라는 없습니다. 이건 축복입니다. 밤에 인천공항과 김포공항에 착륙할 때 보면 빨간 십자가가 쫙 깔렸습니다.

유럽에서는 교회를 찾을 수가 없어 예배를 드릴 수 없습니다. 우리나라는 시골에 가더라도 마을이 있는 곳에는 신기하게도 반드시 교회가 있습니다. 남해안 작은 섬들에도 10명만 살아도 교회가 있습니다. 우리나라가 이런 악조건 속에서도 이만큼 사는 것은 다 교회 덕분입니다.

복음을 전파하는 곳에 하나님이 축복해 주십니다. 복음을 전파하는 민족, 복음을 전파하는 가정, 복음을 전파하는 개인을 하나님이 축복해 주시게 되어 있습니다. 예수를 땅 끝까지 전파하는 하나님의 계획이 있기 때문에 그렇습니다.

우리나라에 교회가 많이 생기면서 지금 중국·태국·인도네시아·필리핀 등지에 선교사를 많이 보내고 있습니다. 이렇게 복음을 계속 전파하니까 우리나라가 이만큼 잘살게 된 것입니다. 땅 끝까지 예수 복음을 전하게 하는 일이 하나님이 마지막 때에 원하시는 일입니다. 복음을 전파하기 위해서는 힘이 있어야 하기 때문에 하나님이 복음을 전파하는 자에게 힘을 주시고, 국력과 경제력을 책임져 주시고 힘을 주시겠다는 것입니다.

하나님께서는 하나님께 속한 사람, 마귀에 속한 사람 인류를 두 가지로 보십니다. 하나님께 속한 사람은 하나님께서 인정해 주시나 악인의 길은 망하는 것입니다. 그래서 이스라엘을 대적한 소련이 망한 것입니다. 이것은 상상도 할 수 없는 일이었습니다.

소련이 망하면서 소련에 복음이 들어가게 되었습니다. 그전에는 공산주의 국가이기 때문에 복음을 갖고 들어갈 수가 없었는데 무너지면서 광대한 소련 지역에 지금 복음이 마구 들어가고 있습니다.

이라크는 모슬렘 지역의 중심지입니다. 그곳은 절대로 예수를 믿을 수가 없습니다. 예수 믿으면 순교, 바로 죽는 것입니다.

그런데 그곳에 민주정부가 들어서고 어느 정도 복음이 전파되는 계기가 마련되었습니다. 이라크 전쟁이 그냥 일어난 것이 아닙니다. 하나님께서 보실 때 이라크에 전쟁이 일어나야만 복음이 전파될 수 있기 때문이었습니다.

하나님의 계획은 땅 끝까지 복음이 전파되는 것이기 때문에 '모든 민족에게 복음이 전파되어야 그제야 끝이 오리라.'고 하셨습니다. 복음이 전파되기 위해서 일어나는 일들입니다.

이제 마지막으로 남은 게 북한입니다. 지금 미국의 목적은 북한을 개방하시키는 것입니다. 폐쇄적인 상태로 존재하는 한 북한은 기아에 허덕이며 말라죽을 수밖에 없다는 것입니다. 북한의 공산정권은 언젠간 반드시 무너지게 되어 있습니다.

그렇게 북한이 무너지면 북한에 자연스럽게 복음이 전파되고, 그러면 이 지구상에 복음이 전파되지 않은 곳은 하나도 없게 되는 것입니다. 이것이 인류역사에 마지막으로 행해지는 일들입니다.

오늘날은 복제인간이 만들어지고, 컴퓨터를 통해서 전 세계가 하나로 연결되는 상황입니다. 이런 모든 상황들이 다 마지막 때를 알리는 하나의 전조입니다. 그렇기 때문에 지구의 서력기

원이 약 2,000년이 흐른 것 같지만, 결국은 다 이스라엘로 시작해서 예수에 대한 복음이 전파되기 위한 과정을 위해 그동안 세월이 흘러준 것뿐입니다.

독일의 히틀러가 마귀를 대신해서 마지막으로 이스라엘을 없애기 위해서, 그가 힘을 써서 전 세계에 흩어져 있던 유태인 600만 명을 학살했습니다. 마귀의 역사는 끝까지 이스라엘 민족을 없애는 것이기 때문에 600만 명을 죽였지만, 결국 히틀러는 망하고 신기하게도 2천 년 동안 흩어져 있던 유대인들이 가나안 땅으로 돌아와서 독립을 했습니다.

이것은 말로 표현할 수 없는 일입니다. 어떤 이론으로 설명이 불가능한 일입니다. 이스라엘이 독립되고 나서 모든 세계가 이스라엘을 중심으로 이루어지고 있습니다.

오래전에 이스라엘 총리 라빈 수상이 히브리 대학생에게 암살을 당했습니다. 라빈 수상이 팔레스타인과 평화조약을 맺으려고 하자, 히브리 대학생이 하나님의 뜻에 어긋나는 일을 한다하여 암살한 것입니다. 팔레스타인 사람이 아닌 히브리 대학생이 죽인 것입니다.

이스라엘 국토는 강원도만한 크기로 젖과 꿀이 흐르는 땅이라고 하지만, 그것은 광야에 비해서 그렇다는 이야기지 형편없는 땅입니다. 다시 말하면 광야는 농사를 전혀 지을 수 없는 땅이지만, 가나안 땅은 그나마 농사를 지을 수 있는 땅이라는 표현을 젖과 꿀이 흐르는 땅이라고 한 것입니다.

이스라엘과 금수강산인 우리나라와는 비교가 되지 않는 땅입니다. 이스라엘은 돌멩이가 많고 1년 평균 강수량이 200mm입니다. 그 좁은 나라 양쪽으로 산맥이 있고 에브라임 산지와 유대 산지가 있어서 헬몬 산에서 흘러나온 물이 갈릴리 호수와 사해를 이룹니다.

갈릴리 호수는 -200mm, 사해는 -400mm로 이것을 중심으로 이루어진 나라가 이스라엘입니다. 자원도 없고 공장도 없는 이런 나라가 어떻게 전 세계의 중심이 되겠습니까? 하나님이 쓰시는 중심 국가이기 때문에 그렇습니다.

우리가 하나님의 계획대로 예수를 전하기 위해서 예수 중심의 삶을 살면, 하나님의 관심을 끌 수 있고 하나님의 보호를 받을 수 있고 하나님이 축복해 주십니다. 그렇지 않고 자기 멋대로 이기주의로 살면 결국은 망하게 되어 있습니다.

반드시 여러분들의 삶의 포커스(Focus)를 하나님 중심으로 맞추셔야 합니다. 개인의 삶도 마찬가지고 가정도 마찬가지고 우리 민족도 마찬가지입니다. 인류역사 속에 복음이 전파되기 위해 하나님이 복음을 전하는 그 나라를 강대하게 해주시고 복음이 빠져 나오면 그 나라는 망하고 마는 것입니다.

우리가 살아가는 문화, 우리가 살아가는 역사가 바로 예수 중심으로 하나님의 뜻대로 이루어져가고 있다는 사실을 깨닫고, 모든 삶을 예수와 연관시켜 살아가시는 여러분들이 되시기를 예수의 이름으로 축원합니다. 아멘.

아하! 그랬었구나~
-기드온 성경대학(G.B.C.) 시리즈 상

지은이 : 황규식
초판일 : 2014년 12월 1일

펴낸이 : 최송구
펴낸곳 : 도서출판 나됨
http : //www.nadoem.co.kr
주소 : 서울시 은평구 역촌동 68-33호 3층
전화 : 02) 373-5650, 010-2771-5650
등록번호 : 제8-237호
등록일자 : 1998. 2. 20
편집·제작 책임 : 김이리

값 : 15,000원

잘못 제본된 책은 바꾸어 드립니다.
저자와 합의하여 인지를 생략합니다.
ISBN 978-89-94472-26-3 03230